U0046913

Reader Takes All.

癖理由
obsession

17
Net and Books

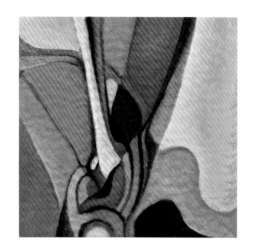
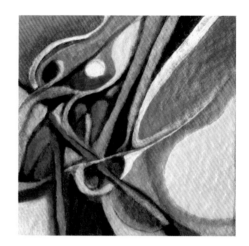

分不清「癖」與「嗜好」的差別，和分不清「癖」與「病症」的差別，是同樣嚴重的。

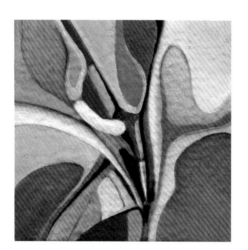

文—郝明義　　圖—湯皓全

CONTENTS
目錄

封面插圖－Carrie Chau

Net and Books 網路與書 17

癖理由
obsession

經營顧問：Peter Weidhaas　陳原　沈昌文
　　　　　陳萬雄　朱邦復　高信疆
發行人：郝明義
策劃指導：楊渡
本輯責任編輯：冼懿穎
編輯：藍嘉俊・葉原宏・蔡佳珊・傅凌
網站編輯：莊琬華
北京地區策畫：于奇・徐淑卿
美術指導：張士勇
美術編輯：倪孟慧・張碧倫
攝影指導：何經泰
企畫副理：鍾亨利
行政兼讀者服務：塗思真
法律顧問：全理法律事務所董安丹律師

出版者：英屬蓋曼群島商網路與書股份有限公司台灣分公司
台北市南京東路四段25號10樓之1
TEL：(02)2546-7799
FAX：(02)2545-2951
Email：help@netandbooks.com
網址：http://www.netandbooks.com
郵撥帳號：19542850
戶名：英屬蓋曼群島商網路與書股份有限公司台灣分公司

總經銷：大和書報圖書股份有限公司
地址：台北縣新莊市五工五路2號
TEL：886-2-8990-2588
FAX：886-2-2290-1658
製版：瑞豐實業股份有限公司
印刷：詠豐印刷股份有限公司
初版一刷：2005年6月
定價：台灣地區280元

Net and Books No.17
Obsession
Copyright © 2005 by Net and Books
Advisors: Peter Weidhass　Chen Yuan
　　　　　　Shen Chang Wen　Chan Man Hung
　　　　　　Chu Bang Fu　Gao Xin Jiang
Publisher: Rex How
Editorial Director: Yang Tu
Executive Editor: Winifred Sin
Editors: Chia-Chun Lang・Yeh Yuan-Hung・Julia Tsai・Fu Ling
Website Editor: Lucienna Chuang
Managing Editor in Beijing: Yu Qi・Hsu Shu-Ching
Art Director: Zhang Shi Yung
Photography Director: He Jing Tai
Marketing Assistant Manager: Henry Chung
Administration: Jane Tu
Net and Books Co. Ltd. Taiwan Branch（Cayman Islands）
10F-1, 25, Section 4, Nanking East Road, Taipei, Taiwan
TEL：+886-2-2546-7799
FAX：+886-2-2545-2951
Email：help@netandbooks.com
http://www.netandbooks.com

本書之出版，感謝永豐餘參與贊助。

情·夏侯露茜

How deep is your love ?
——Bee Gees

癖是對人、事、物的一種特殊愛好和偏執，有時候它反映了個性上的缺陷，有時候卻能使人

癖的夢魘與極致

整理—編輯部　　攝影—蔡仁譯

缺陷是個性的定義

編：據我們所知，阿和你對運動有一種執著，把精力都花費在腳踏車上，我們很想知道為什麼？

和：我其實也是很晚才開始喜歡腳踏車。在我十一、二歲的時候碰到一個漫畫作者，他有一天突然問我說：「你是玩什麼的？」我說跳舞、玩很多啊！可是他的意思就是要講出一個qualified的事情。這個人是個軍事迷，家裡有各式各樣的軍事武器。畫漫畫的時候還要穿迷彩裝，他畫的漫畫都會有各式各樣的武器出現，後來漫畫畫不下去了，就轉行去開軍器用品店。我差不多是到95、96年的時候開始騎腳踏車，走進去之後，發現它不只

是一個有趣的、好玩的東西，越進入裡面越變成是你生活的全部，是用這個東西來看整個世界。騎腳踏車會有很多歷程，從剛開始不管去哪兒都要騎，到打開眼睛的第一件事就是「今天有沒有下雨，今天可不可以騎車」，甚至想要架一個網站也跟單車有關。

小Jo Jo

柯裕棻

發熱發亮。透過四位「癖人」的暢談，我們看到了癖的夢魘與極致。

參與者：**黃健和**（大辣出版社總編輯，簡稱「和」）
柯裕棻（作家，簡稱「柯」）
Jo Jo（儚乎嚕同盟召集人，簡稱「大 Jo」）
Jo Jo（Cosplayer，簡稱「小 Jo」）
日期：2005 年 5 月 1 日
場地提供：BALI

編：我們是透過書去認識柯裕棻。在你的
書上有提到寫作前要進行一些模式，有
點像宗教的儀式？

柯：我不應該寫的，寫的時候好自
然，可是被講的時候好奇怪。某一
個出版社的主編說她曾經跟其他作
者討論過，他們的想法是「柯裕棻應
該有強迫症」。我想每個人應該或多或
少會發展出一種儀式讓你的精神跟身體
進入一種狀態，
會讓你相信做
這件事情是有
價值有意義
的。有癖好的

大 Jo Jo

黃健和

人應該是有一種弱點，情緒上的或是個性上的弱點、甚至是一種缺陷，這種缺陷就是個性最主要的定義。因為覺得那邊不足所以就不斷地去填補，最後就形成一個與別人不一樣的樣子。我看書的時候喜歡看有癖好的部分。譬如安徒生童話很愛寫腳，我想安徒生的腳可能有風濕病或是別的問題。另外有一個紅舞鞋的故事，女主角非常愛紅舞鞋，但她只要一穿上就會一直跳舞，後來跳到她媽媽死了她也不管。後來女孩為了贖罪就把她的雙腳給砍了，有一個好心木匠就幫她做了一雙假的腳，但是斷掉的腳還是繼續穿著舞鞋在跳。

和：我怎麼不記得小時候有看過這麼可怕的故事？

柯：你看過一定記得，但是你忘了，因為有腳才能騎腳踏車，所以你就在一種潛意識的狀況下把它壓抑掉了。

編：日本作家也很喜歡寫癖好。

柯：對啊，他們很愛寫癖好。像前一陣子的書《文人的飲食生活》，裡面就講每個人吃東西的壞習慣，有的人狂吃、有的人不吃，或是為了吃一口什麼飯而噎死的，像這種東西我都很愛看。

和：所以你在潛意識上是有哪個方面是在往這方面進行的？

柯：全面性的吧！腳的部分我好像比較在意。我在網站上找到有人歸納金庸小說所有關於戀足的部分，這很驚人！標題就叫做〈金庸原來有戀足癖〉。我記得比較清楚的是天龍八部裡的阿紫，那段我印象很深刻……

和：我要送你一套漫畫，就叫做《Foot Lover》，故事是說已經沉迷到必須要用腳才能達到高潮的那種狀態。

讓這世界更美好

小Jo：我覺得癖好是個人實現的表徵，因為個人的自我實現有時候可能太激烈，沒辦法表現在你的臉上或是行為上面，所以就會變成一種心理的掙扎。慢慢壓抑不住的時候就會表現出來，成為一種興趣，譬如剛剛說的腳踏車。我記得國中的時候，我家樓下開了一家捷安特的專賣店，我存了六、七千塊去買，當時也慫恿很多朋友去買，假日可以去爬山。久而久之，變成了一種習慣，到最後不能沒有它。可是有一天腳踏車被偷了，我的心裡就覺得有一種解放的感覺，因為可以不用再作這件事情，可是也會有一點落寞。

第一次聽到Cosplay（編註：角色扮演）應該是1996年，才唸國小。那時很流行《七龍珠》，大家都在看漫畫，會去玩具店抽小卡。有一天突然看到一個同學頭髮變成金色，他戴了一項孫悟空的假髮來學校上課。他在玩電動非常、非常地沉迷，於是我們全班就拍了一張照留念，我還留著。

柯：我剛好對Cosplay有一點小小的注意，Cosplay很重要的特點就是D.I.Y.，要做到完全逼真？

小Jo：像我訂作第一套衣服是《格鬥天王》裡的角色，我完全沒有概念，到西門町訂作大概花了八千塊，我要求老闆連一公分都不差地複製那套衣服。因為一條十字項鍊，我找了一千四百多種才找到一條完全一模一樣的，花了兩個月的時間。這可能是一種執著，想要完全變得跟他一樣。很多道具我會想要自己做，結果就去學很多有的沒的技能，譬如要作一把木刀，本身沒有這個skill，但為了貼近這個角色，就會去翻很多木工的書，於是從什麼都不會變成什麼都會一點。

編：當你穿上這個衣服的瞬間在想什麼？

小Jo：當時在想，如果我是他我會怎麼做、怎麼想，盡量不要破壞這個角色在你心目中的形象。你會想要百分之百貼近他，但也不能太過分，心裡有一個道德規範的量尺在。可能是因為欣賞他（某個角色）的行為準則，想要變得跟他一樣、想要讓這個世界變得更美好，這就是我們扮演這個角色的原動力。

和：可否給一點基本的數據，譬如說聚會都是私下，還是某一次活動才全部人都出現？

小Jo：大概是春、夏、秋、冬各有一場，最大的都是在台灣大學巨蛋。每一次活動大概兩天，兩天加起來的入場人次大概是四萬人。Cosplayer大概佔了40%，大概都是國中或高中女生去拍照的人數比較多，40%裡大概還有一半，會分成某一些特定的主題。

癖，是一種夢魘

和：所以那是一個比較顯性的癖，你這個是很隱性的（指柯），是不小心寫了出來，你現在一定很後悔，那個事情根本不應該讓人家知道。

柯：前一陣子在跟朋友聊天的時候，才明顯發覺我原來有另一個問題——我的電腦是不能丟的，絕對不能丟，那個東西我覺得是我腦子具體呈現的一個部分，所以我家有六個活的或死的電腦，全部都在我家裡四處收藏。譬如我寫東西寫不出來，我就會把這個問題投射在：因為印表機不好、因為銀幕不對、因為電腦不夠快、因為鍵盤有問題……我的電腦都是在這樣奇怪的焦慮之下更新的。有的時候焦慮到明天就要交一個重要的稿子了，但是怎樣都寫不出來。我覺得我寫不出來一定是螢幕有問題，晚上八點半的時候我再也忍不住了，就去提款，跑到燦坤問你們有某個型號的螢幕嗎？他說這間店沒有站前店才有，我說你現在打電話給他叫他晚點關門，我現在去站前店買。買回家裝起來搞了一陣子之後，我的稿子就寫出來了。

和：難怪3C產業這麼發達。

大Jo：所以這種焦慮已經成為一種癖好，習慣性享受這種焦慮。我有時候在想我看漫畫成為一個癖好也是因為焦慮過度，會覺得看的東西好像永遠都不夠多，它就跟鬼魂一樣繞在四周。癖好形成之後，會形成另外一種夢魘，夢魘就變成焦慮。就像漫畫我也不敢丟，我的地下室一大堆漫畫，到最後就當作沒看到，也不敢接近那裡，好像封印一樣。

編：你是從什麼時候發現你有這樣的行為？

大Jo：國中吧！我國中時就發現我有這樣的焦慮，我小學的時候就在焦慮橫山光輝的漫畫應該沒有看齊，從此之後就活在他的陰影當中。我不知道這算不算壞心，他去年死掉的時候，心理上感到難過，不過還是鬆了一口氣，他的作品總有一天會追得完的。我從來沒有看過一個人有癖好，他會活得很開心的。

和：啊？是這樣的嗎？癖好不管是儀式或是某一種狀態，它只是你生活的一部分，當然很重要的一部分，可是它不是你生活的全部。

大Jo：我真的是連面對你的勇氣都沒有了。我講個笑話給你聽，晚上七點全家在吃飯，電視在播「電視冠軍」剛好是漫畫通的比賽，我就不能動了。它放了石之森章太郎的作品《人造人間》的最後一格，問這個作品是誰？我很快就答出來了，我太太就把碗放下來說：那你知道我們結婚紀念冊的最後一頁的最後一張圖是什麼？

顯性與隱藏的抉擇

大Jo：我是覺得這跟癖好見不見得人也有關，騎腳踏車大家就會覺得阿和好風雅，書都可以寫好幾本。可是像是我在大學教書還在看漫畫，遭受到那種眼光是不太一樣的，我們在某種程度是不能太外顯這種癖好的。我同盟中的一群人也是白天掛著一種身分、晚上是一種身分，那種癖好已經讓他變成漫畫中的一種人物了，跟蝙蝠俠沒兩樣，背負著某種夢魘，心靈殘缺。剛才她（柯裕棻）講的那個癖好，我覺得很好，不高興就刷卡買東西，現在的人也不會斥責這種敗家的行為。

柯：我沒有癖好。

大Jo：這是另一種癖好，就是喜歡否認自己的癖好。

和：從我們剛剛在討論癖好是顯性或隱性這件事，尤其是這位柯老師，一直把癖好是當作缺陷……

柯：書本上說的，你的scrimp（不足）就會是你的character。

大Jo：我也認同這句話。

和：因為你們兩個有一點類同，所以我想可以反過來思考。我們都很平凡、正常，但是有癖好出現的時候，就

會覺得有那件事情是做起來比較開心的。做久了之後，就會有一點點光亮出現。你不要否認，你在研究漫畫跟電玩的時候，可能是光亮最大的時候，其他時候就……

柯：我其實沒有明顯的癖好，也不是有買電腦癖，只是這樣小小的病，要說它是癖也可以，我的小癖很多。但我這不是迷，像韓劇跟日劇比起來我喜歡日劇，因為我知道日劇我十天、二十天會看完，韓劇演個三個月都演不完，我就會覺得很累。因為慾望而強迫自己卡在一個地方、卡在一個狀態反覆，反覆會讓我覺得非常痛苦，所以我會在自己開始上癮之前，斷絕自己那條路。

大Jo：我今天不應該來的。我就是那種看到「上、中、下」，就會想：可惡！中集是什麼，就開始上網去bt（BitTorrent，網路下載）。像蛭田達也這輩子當漫畫家快三十年，只畫過兩部作品，一本是《功夫旋風兒》，另一本是《新功夫旋風兒》，像這種長篇連載的漫畫就變得永遠沒完沒了（編註：兩本均為超長篇連載漫畫，從1981年開始連載至今），你永遠都懸在那裡，死之前也不知道自己能不能把它看完。所以柯老師比較有自覺，能在那之前就斷絕掉。

和：你是不是閱讀量很大，每天都要看書？還是什麼樣的狀態？

柯：好啦！我承認啦！有一個很明確的例子，我曾經是博客來網路書店的本月購書王。

大Jo：你對閱讀會有任何的慾望嗎？會覺得如果沒有看完多少好像今天白過了？所以一定要強迫自己閱讀？

柯：什麼意思啊？每天一定要看書的啊！你難道不是每天看漫畫？

大Jo：所以我說我是（有）癖好，你要跟我類比的話你也是（有）癖好。

編：你有沒有嘗試一個禮拜不去碰書？

柯：沒有！不可能！

大Jo：你會不會有禁斷症的症狀發生？

柯：會！

大Jo：我也會，我常常半夜跟我太太說我可能要去漫畫書店一下，都無法向太太解釋為什麼要去。

生死與共的感覺

小Jo：如果有一天全世界的漫畫家都畫完了最後一本，你都看完了，這樣你會怎麼想？

大Jo：我以前有看過漫畫裡描述過，就是漫畫被列為違禁品都要銷毀。我實在很難想像這樣的日子，如果已經真的上癮，突然間這個癖好被斷絕真的很痛苦。那種焦慮真的很恐怖，搞不好自殘都會。

柯：我從來沒有想過，因為文字是不會消失的。

大Jo：如果文革燒書的時代再出現？這是歷史上真實發生的事情。

柯：我就會變成牛鬼蛇神，會被批鬥、下鄉勞改然後就完蛋了。電影《明天過後》裡面有一段燒書的情節，他們要燒尼采，我就在電影院裡大喊：不可以！前面的人都回頭看我。圖書館裡有很多桌椅，為什麼不先燒桌椅要燒書？

編：阿和你有沒有試過幾天不騎車？

和：腳踏車曾經是我看世界的方法。可是到後面，我就覺得這件事情可以轉化，不應該讓它變成是全部。你迷上一個東西，你會找到一個你跟這個癖好unique的關係，譬如說我可以騎腳踏車騎得最enjoy、最舒服，因為我每次都會有一個小主題。例如我這次要從台北騎到高雄，沿路都要吃肉圓，然後我可以把所有肉圓的故事都寫出來。

大Jo：我覺得你真的是升級版。對我而言，沒有什麼目標，就是一個單純的喜歡，喜歡到擺脫不掉。如果我今天是從家裡到這邊，我就會想從我家的捷運站到敦化站大概要坐多久？大概夠我看幾本漫畫？就開始選書，這本大概可以，這本看不完，這本比較難懂……光是這樣挑就要花上二十分鐘，跟女人化妝沒兩樣。我還有一個很奇怪的癖好，我一面看漫畫一面要掃封面的圖檔，有點像強迫症，就好像跟這本書生死與共的感覺。

小Jo：這跟柯老師不敢丟電腦是一樣的嗎？

柯：這個是，我對我買的書也會這樣。不管書是在什麼情況下買的，不管有多少，我會知道它在哪裡，即使是書堆很亂我還是會知道它在哪個書架的哪個位置。

大Jo：聽你講這個我就知道你跟我是同一國的，不要否認。

柯：對啦！我沒有否認，但我是小癖。

何謂癖的極致？

編：你們覺得癖好的極致是什麼？

小Jo：以角色扮演來說，在日常生活，我可能會取某一個很厲害角色的優點，把它套用在自己身上，讓我變成一個很多優點的人。可能本身有些事情作不到，可是將一些角色轉化到自己身上，你就會覺得自己很厲害，可以增強自己的自信心。

和：對我而言，我可能會去發明一條沒有人騎過的路線。比如說我下次要組成一個伊豆半島單車行，那我可能設計一條川端康成的路線，下次又換另外一個主角的路線，單車跟我的關係大概就是在這個極致之上。

大Jo：我的狀況是，在日常生活中遇到的所有事情會用漫畫裡面的世界跟道理來作類比。我開的課是顧客關係管理，我就叫學生去看石之森章太郎的《大飯店》，《島耕作》的話我會告訴他們幾年級應該看課長、幾年級要看部長，取締役就等以後當上總經理再看。有人常常講說看漫畫看到一個精通、或是極致的狀況，會變成一個「otaku」，這是一個很負面的名詞，因為到「otaku」的階段就是與世隔絕，他的世界就只有動漫畫，那是很恐怖的。我這邊的極致是，會很容易用漫畫類比日常生活的道理，倒不是說要去活在漫畫的世界，而是你可以引用過來。

柯：說到書上面的癖好，有一些台大教授會另外租一個房子來放書，或是說有一些書迷會重金去買一些初版書，甚至是有人在家裡的書櫃作跟圖書館一樣的轉輪。可是，看書看到極致會是怎麼樣子呢？我也有點擔心（自己）會變成「otaku」那樣。

編：像福婁拜《戀書狂》裡的那個僧人。

柯：對！你會用各種方法、可能的手段，去取得你要的東西。達到極致就是，你會跟普通人無法交談，只能跟他談書的內容。我有這樣的朋友，你跟他msn的時候，他打過來的字就是一直在講那本書，把對話印出來，就會發現他就是自言自語。

大Jo：我曾經在公車上看到有人在看一本原文漫畫，我之前找很久沒找到，我就問他你在哪邊下車，可不可以借我翻到你下車？沒有辦法，如果那時候你不這樣子作，你一定會覺得很後悔，下了車一定很懊惱、會覺得很不舒服。我是這樣性格的人，在這種狀況下我就不願意放棄。∎

辭理由

癖的本尊與變身

文—郝明義　圖—Carrie Chau

❀ 今天時代的特色之一，是我們見癖不癖。

❀ 過去，「癖」之所以為「癖」，應該有三個特質：偏異、極致、隱密。

❀ 三國時代，蜀漢將領劉邕，有一天去拜訪孟靈休。孟先生正好在治療身上的瘡，治好的瘡結成痂，掉在床上。劉邕看到之後毫不客氣地拿起來就吃，把孟靈休嚇出一身冷汗。原來劉將軍就是愛吃「瘡痂」，並稱讚「瘡痂」的味道就好像鮑魚一樣。孟靈休後來寫信給朋友說，他趕緊把身上那些還沒治好的瘡痂也都拔給劉邕吃，害得自己全身流血。（見《枕函小史》·閔于忱）

愛吃瘡痂也好，愛做其他讓別人嚇出一身冷汗的事也好，根本上都是「癖」的第一個特質：「偏異」——偏異於一般人的行為、愛好、觀念。

❀ 或者，愛好的事物、行為沒有那麼「偏異」，但是程度卻極致化了。

宋朝，有一位甚有個性與能力，因而深受高祖寵信的大臣謝景仁。照二十五史裡《宋書》的記載，謝景仁極愛清潔，以他的身分與地位，住家環境「居宇靜麗」不在話下，但最特別的是，他愛清潔愛到要吐痰的時候，絕不肯吐到地上，而要吐到左右隨從的身上（不過他倒也很體恤下人。被吐到的人可以休息一天來清洗衣物。所以反而是下人爭相願意被他吐到）。

要稱之為「癖」，行為裡必須有某些極致化的成分。

❀ 和「偏異」、「極致」相關的第三個特質，是「隱密」——不能或不便於公開。

因此，中文裡面對「癖」有些非常婉轉的說法。

「斷袖之癖」或「龍陽之癖」，是說同性戀。

「季常之癖」，是說怕老婆。

「盤龍之癖」，是說愛賭博。

「煙霞之癖」，是說抽鴉片（早先指愛好遊山玩水）。

由於有「偏異」、「極致」、「隱密」這三種特質，所以過去中文字典裡把「癖」定義爲「嗜好之病」，也就是很自然的事。

在字典裡，「癖」這個字早期出現於南朝梁代顧野王所編著《玉篇》中的時候，解釋是這樣的：「癖：食不消，留肚中也。」顯然只是指一種消化不良的症狀。

從魏晉南北朝開始，也有人在實際的文字應用上跨出一步，把「癖」不做此解，而引伸出和嗜好有關係的意味，但顯然是一種有「毛病」的「嗜好」。後來的字典裡，明代梅膺祚的《字彙》把「癖」解釋爲「嗜好之病」是個代表，道出了中國人對這個字很長時間的一種共識。

中文字的本身，給了「癖」一個「病」的歸屬。但是由於中國文化的許多作用，又一直有股力量在擺脫「癖」和「病」的關係。

白居易是個代表。他在〈山中獨白〉裡面說：「人各有一癖，我癖在章句。萬緣皆已消，此病獨未去。」

而我們翻開任何一本談中國文化裡「癖」的書，都不免會看到「書畫癖」、「梅癖」、「菊癖」、「竹癖」、「茶癖」。這些「癖」，與其說是讓人聯想到一種毛病，更多的是聯想到一種風雅。

而當「嗜痂癖」、「乞癖」、「驢鳴癖」、「眊癖」這些得以和「書畫癖」、「梅癖」、「菊癖」、「竹癖」、「茶癖」等等並列的時候，我們也就聯帶著不覺得其有多麼偏，多麼怪了。

到 21 世紀的今天，如果我們要查查字典，了解一下我們對「癖」是怎麼定義，會發現「癖」的去病化有多麼徹底。

以教育部掛在網路上的《國語辭典》來說，「癖」這個字只保留了兩個解釋：一個是最原始的「食不消」，另一個則是「習性、嗜好」。

「癖」，只是一種「習性」，只是一種「嗜好」，和「毛病」無關了，脫鉤了。

在生活裡，我們的認知也的確如此。

「癖」相當於「嗜好」的解釋，在今天是十分普遍的。因此，最常見的是，我們把「癖好」等同於「嗜好」、「愛好」在使用；「癖性」等同於「習性」或「個性」在使用。

我們社會裡，「癖」和「毛病」怎麼會脫鉤得這麼徹底？

這和「癖」的原始三個特質之變化有關。

一，社會越來越往開闊的方向發展，可以容納的價值觀會越來越多。於是，許多原先被認爲是「偏異」的不偏了。

同性戀正是最有代表性的例子。今天誰要稱同性戀爲一種「癖」？過去有人喜歡在身上擦得香香的，叫「香癖」。今天誰要稱愛擦香水的人是一種「癖」？過去農業社會裡如果有人白天睡覺，晚上才出來活動是很不合常規的，因而叫「晝睡癖」。今天誰要稱這種晝伏夜出的人是一種「癖」？

大家不怎麼認爲是「偏異」了，也就比較不認爲

是「毛病」了。

二，隨著社會發展，個人財富增加，大家可以享受的事物在平均化。隨著交通與科技的發達，工作、娛樂、休閒的方式都在多樣化。在平均化和多樣化的對照下，「極致」不容易突顯。「極致」不容易突顯，對「極致」的摹仿和混淆，會相形氾濫。

所以，我們會看到不過是收入多一點，不過是有本錢多買一些名牌的人，就可以很安然地被稱或自稱是「購物癖」了。所以，我們會看到那些不過是被人類本能衝動所驅使，同時愛上不只一個對象的人，就有資格被稱呼為「劈腿癖」了（從這一點來看，我們倒不能否認那些堅持非別人太太、女朋友不勾引的人，才更有資格一點）。

「癖」，少了「極致」的意味之後，被降格了。被降格了的「癖」，開始普及與流行。普及與流行的「癖」多了，我們開始見癖不癖。

三，由於網路的發達，社群的發展，過去「癖」的「隱密」消失了，或者說，可以不存在了。

今天，你進入網路世界，有什麼隱密的嗜好找不到可以加入的社群？一些過去找不到任何人可以探討的，共享的愛好，現在有這麼人可以共同交流、共同成長，「癖」的「隱密」外衣（可以）撤除了之後，當然也有助於「癖的流行化」。

✿ 說到這裡，可以發現：「偏異」的減少，使得「癖」的類種減少了；但是「極致」的降格，加上「隱密」的消失，卻使得

「癖」的類種在氾濫，在增加。「癖」的減少和氾濫，雖然表面看來矛盾，實際上卻是一體兩面：兩者都在讓我們見癖不癖。

這些發展，再和我們文字裡「癖」只剩下「習性」、「嗜好」的解釋相輝映，雙向地相互激盪，相得益彰。

✿ 其他文化裡，是否也有同樣的現象？
起碼在英語文化裡應該沒有。
這和文字有很大關係。
中文的「嗜好」，英文是hobby，而且很清楚地指出是「業餘的嗜好」（《Shorter Oxford Dictionary》）。

中文代表「嗜好之病」的那個「癖」，英文可以說是obsession，可以說是addiction，但怎麼說，都不會像中文把「癖」等於「嗜好」那樣，讓obsession或addiction的解釋等同於hobby。

同樣地，在中文裡，「戀童癖」、「戀物癖」、「戀獸癖」、「變性癖」、「窺淫癖」，可以和「書畫癖」、「梅癖」、「菊癖」、「竹癖」、「茶癖」並用一個「癖」打發，但是在英文裡，lolicom、fetishism、zoophilia、transsexualism、scopophilia卻個個都是沒法讓你和任何風雅嗜好有所聯想的個別單字。

總之，在英文裡，要表達「習性」或「嗜好」，有特定的字；要表達比習性或嗜好更強烈的一種耽溺或堅持，有特定的字；要表達心理或生理異常的一種病症，也有特定的字。三種不同的意思，各有相關的字在表達，不會產生誤解或混用。

✿ 這麼說，我們今天要注意「癖」，要談「癖」，有一

個理由很清楚。

中文的「癖」，可以變化出太多面貌，有太多混合用途。

中文的「癖」，可以拿來說「癖好」，當成「習性」或「嗜好」用（甚至已經是正式解釋）。

可以放在「書畫癖」裡使用，解釋為比嗜好更強烈的一種堅持。

也可以拿來組合成「戀獸癖」，解釋為心理或生理異常的一種病症。

「癖」可以這麼變出這麼多分身與變身，我們會見癖不癖，絲毫不足為奇。

❀ 我們不能見癖不癖。

分不清「癖」與「習性」或「嗜好」，很嚴重。分不清「癖」與「病症」，也很嚴重。

我們需要見癖是癖。

我們需要區別癖的本尊，不能錯認分身與變身。

❀ 如何認清「癖」的本尊？

這要先回到「癖」的本質，看看今天「偏異」、「極致」、「隱密」這三個特質，哪一個最足以代表「癖」的本尊。

「隱密」的特質，在網路時代裡，基本上已經不存在了。

「偏異」的特質，在今天全球化與價值觀流變這麼大，這麼快的時代，變動不居。

所以，只剩下「極致」。

癖的本尊，就是一種「極致」。

癖不只是一種嗜好，而是嗜好的「極致」。

❀ 只有認清癖的本尊是這種嗜好的「極致」，我們才不會錯把不湯不水的愛好，或是把跟隨流行的行為，也當成是「癖」。

只有認清癖的本尊是這種嗜好的「極致」，我們才不會錯把一些損人不利己的毛病，或是讓自己走上崩潰的習慣，也當成是「癖」。

❀ 要怎樣才能檢查自己是否已經有這種「嗜好的極致」？

明末湯賓尹已經給我們提供了一個門路：「誠有癖，則神有所特寄。世外一切可艷之物，猶之未開其鑰，何自入哉？凡貴賤、窮通、得喪、毀譽，動能驅遣人意，與之為喜怒者，其人皆胸中無癖也。」

也因為如此，他最後下了一個結論：「士患無癖耳」。

❀ 最後再講一個故事。宋朝的時候，有一位翟耆年先生，喜歡奇巾異服，做唐朝時候的打扮，自名「唐裝」。有一天他去見一位許彥周先生。許先生一出來，頭髮紮得古古怪怪，衣服從沒見過，還踩著高高的木屐。翟耆年看得呆了。許先生就說：「吾晉裝也，公何怪？」（我穿的是晉朝的衣服啊，怎麼嚇到你啦？）

❀ **要癖，就得極致。**　■

都沒有一點小小的哀傷，對身體、器物、或是某個動作與姿勢，有著

一場
遊戲的開始

習癖的精神分析

文—李宇宙　　圖—張碧倫

無可抗拒的迷戀和堅持？但是當這種反覆無法開脫，令人感覺疲倦而焦躁的時候，便被命名為疾病。

　　她有個小小的祕密。應該是很早的國中時期，允許將頭髮留長的那一年起。她一個人在房間裡，收音機播放著她喜歡的歌曲。心裡想到繞樑三日時，她挑出一撮頭髮纏在手指上繞三圈。其時她正用心地背讀國文，煩亂的準備期末考試。接著又沒來由地想到懸樑自盡四個字，一面想一面將手指上的頭髮扯緊，扯到頭皮疼起來後才放開。自此以後，她便開始維持著這個小小的私密習慣，將一撮掠在耳後的頭髮在手指上纏三圈，然後用勁扯一下。手頭沒事無聊的時候，撫弄的動作就會不自主地出現；焦慮的時候也會，而且速度會加快。

　　為了不讓美麗的頭髮被扯斷，後來動作改為猶疑克制的模樣。但是和男友分離的那年，她還是扯掉了一整片頭髮，以至於不得不看醫師。醫師說她得的是拔毛症，一種從未聽說的奇怪的習癖，精神醫學稱之為強迫性的精神官能症（Obsessive Compulsive Disorder）。

精神官能症與習癖

　　所有的精神官能症，都被認為是諸如焦慮和憂鬱之類的，剩餘情緒過多的症狀。只有強迫症例外，反而是一種不容許自己釋出情緒的疾病。

　　情緒像桀傲不馴的野馬，必須像膠囊般地封裝起來，否則氾濫的憤怒或恐懼可能將自己淹沒。這個情緒膠囊的外殼往往藉由思維和行動持續編織而成：思維是從腦海深處反覆闖出的某種念頭、思想、意象、與衝動，譬如帶有不潔、不祥、傷害或不幸等意涵的訊息反應；行動則是對某些事物不斷的刻板投注，藉以移轉或排除前述思維所導致的不安。行動有時候會緊隨著強迫思維出現，但也可能單獨存在，反覆再現為種種類型化的習癖，形成小小的個別生活儀式。

精神醫學上的強迫性精神官能症有點令人尷尬。實際上它剽竊，而且似乎也窄化了原來Obsession的意涵，只餘下強迫性與自我不協調（Ego-dystonic）的成分。原始Obsession的指涉裡，其實還包括一種成癮性（Addiction）的反覆成分在內，譬如一些漫畫迷、模型迷、音樂迷……等不斷沉迷在某種人事物裡。「上癮」一詞是日常用語被精神醫學專業綁架又一例。醫學上的Addict泰半指的是對藥物依賴上癮者，但是一個人對於某種慣性持續的熱衷與強迫式的投注，也是一種成癮，因為難以自拔，或不想自拔。但是誰沒有一點小小的習癖，對身體、器物、或是某個動作與姿勢，有著無可抗拒的迷戀和堅持？有時它只是雲淡風輕的某種生活格調和儀式，和情緒全然無關。但是當這種反覆無法開脫，令人感覺疲倦而焦躁，或導致傷害的時候，便被命名為疾病。

習癖也是一種自我的格局

假如每個習癖都被認為是某種疾病的話，那麼這世上沒有病的人大概不多了。孩子們也許從小就老是將譬如綠豆西瓜之類的某種食物吐掉，為的是不能忍受食物在嘴裡那種沙沙的觸覺，或是青冷的味覺。專家們會告訴你說，這種怪癖是先天某種味覺嫌惡的本能，如果不儘早更正的話，日後將變成挑食的小孩，違反飲食均衡的健康原理。但其實也可能是他正夢見母親胸膛溫暖的乳香時，卻被餵食著毫不相干的食物所致。

孩子逐漸長大到會咬指甲就或咬筆桿時，精神分析醫師便說，這是吸吮反射和口慾期發展遺留的痕跡。如同孩提時期吸奶嘴和拇指的行為，不改過的話，長大後就會改咬香菸。這些被視為怪異的舉動在醫學科學和心理學中被賦予了病態習癖的負面意涵，

和歷史中那些左撇子的集體宿命一樣。他們曾經被認為是粗笨、不得體、脾氣古怪者，乃至於變成惡魔。許多文明裡都認為左手是不潔的，所以宣誓時，只允許將右手放在聖經上。這也是所有動作的「怪癖」者遭受輕蔑侮慢的歷史淵源，也可能造就了「左」派作為反抗者宿命。

個別癖性的存在也許是人人都有的自我格局之一。在過去的年代裡，無論是中世紀前現代，或是啟蒙後的現代，所有生活中的言行舉止，都只能有一種正規的格局。凡是不合這種格局的，就不是常態，而是變態與歧異。這似乎是一個早經論定的真理，無須再作探討，即便是那所謂唯一的格局，也始終未見有詳細解釋和確切的定義，其中最被突顯的不是飲食就是性，此所以性行為一直是「癖」的主要課題之一。在討論性心理時，性的癖好幾乎就等同於「變態」，在命名時甚至有向「癲狂」上綱的趨勢。從戀物癖、戀足癖的猥瑣意涵，到偷窺狂、暴露狂的暴虐想像，都表徵了這種性習癖原型的社會對待。

性癖邪孽曾經是精神分析的起點

性生活的歧變，西方人通稱為Perversion，是一種褻瀆神明的孽，惡德的罪行，至少也是會戕害個人身心健康的壞習慣。早期國內翻譯為「邪孽」一詞時，便顯得遲疑，後來乾脆以「戀」稱之，所以有裸戀（暴露狂）、物戀（戀物癖）、受虐戀等等修辭。

這些「戀」字的確稍見文雅，但又失卻了「癖」的傳神。癖可以是某種中性的個別嗜好或習性，在和正規社會風俗價值抵觸時，也許才稱為怪癖。否則只是一味沉溺在自己的某些獨特品味，未擾及他者，不過就是有點孤僻罷了。但在中國的傳統醫學裡，消化不良腸胃蓄積的病，也稱為癖，倒是給了閱讀更大的

想像空間和趣味。因為在傳統的精神分析理論中，所謂「肛門期」發展經驗所形塑的執著、強迫性的心性特徵，最能夠體現在個別的習癖上了。

本土的常民話語中，偶爾也形容孤僻性格者為「積屎」，或是揶揄原則規矩太多的人為多屎多尿。和佛洛伊德將排泄的感官滿足和延遲視為心性發展重要階段的想法類比，看來還是能相互輝映的。肛門期發育的基本假設是，在人類排泄器官功能發展的過程中，不能隨意便屎是孩童時期重要的行為規訓項目，自控和他控間的衝突與協調便成為日後對自己和他者關係行為範式的來源，因為衝突張力所導致的表現形式，可以用是一種「強迫性反覆」（Compulsive Repetition）的行動加以解釋。因此潔癖，收集行為，個人的儀式化行為等對某些身體、事、物的堅持和著迷，都意味著是肛門期固著的表徵。

所以癖性的形成既是具體的身體需求，也是心理象徵。這一切表徵現象的方式，都有一種主要的功能就是消除潛意識的抑制，使無從表達的內在慾願的能量得以自由表達，所以習癖的完成行動都兼有釋出後自在安心的滿足感。

癖性的遊戲美學

透過某種型式的實踐，對一些對象事物慾願的滿足和寄託，有時也許是為了消解內在張力。但有時也不盡然，習癖中往往有著更深層的某種神祕引力。

奧立佛・薩克斯（Oliver Sacks）曾經用「孤島天性」來形容自閉症患者的內心世界，認為他們的專注和沒有旁鶩反而呈現了存在的原始面貌。這種特性也許更能夠延伸解釋我們一向對習癖的論述，除了具體的、特別的、單一的事物外，其他那些對抽象理念的追尋、從眾的時尚跟隨，都令人感覺疲倦而且耗弱。

有一點點專屬於自己的癖好，反倒成為圖騰式力量的來源。

當然一點點習癖的存在，並不見得就是自閉，也許其中有著稱為遊戲或戲劇的美學。我們說角色扮演、一場比賽開始、或問說人家玩什麼樂器，都一直用著遊戲的動詞作為暗喻。所有的遊戲都有著開始，在進行的過程中也暗示著必然會結束，因此遊戲的本質就是來去反覆的單純行動罷了，也許無關慾望的潛抑或遠大的信念。除非在遊戲當中迷失，否則對一個真正的「玩家」來說，究竟玩什麼，結果目的為何，並不必然非得有什麼嚴肅的屬性不可，這也許才是遊戲之所以為遊戲的真正原因。

結語

史努比裡的查理・布朗似乎總是在尋找他的破毛毯，他的戀物也許原來只是和同伴間嬉遊的儀式，但是終於變成查理布朗焦慮的主要來源。有些時候，癖好的對象提供了人們自我理想匱乏的投射認同所需。因此許多主義的大師們都批判說，人們所戀之物其實是宗教與圖騰現代化和物化的符號，終將成為一種商品。習癖成為個人自我依存的形式後，也可能出現雙重的匱乏和危險。我和我的習癖之間究竟該如何維持一種均衡的策略，已經是哲學性的問題。

惠特曼的一首詩〈有一個小孩外出〉寫著，「……他注視著第一個物體／然後變成那物體／物體也成為他的部分／在當天或當天的某個時辰／或在延續多年的反覆循環中」。我們成長，就如同外出玩耍，隨身攜帶著一條舊毛毯。有時它會就此被遺落在某處，但總是會再找到一條新的。

人們也許並不需要為他們習癖作分析或找理由，但是必須要準備。　　　　　　　　　　　　　■

本文作者為台大醫院精神科主治醫師

對癖好的兩種態度

文—張惠菁

　　章詒和記京劇名伶馬連良的《一陣風，留下了千古絕唱》中，談到馬連良收藏文玩的愛好，有一段話說得很好：「藝人生活的文化情感，常與泡澡、品茶、神聊、遛彎兒、養鴿、燒酒、綢緞、鼻煙壺、檀香等小零碎拼湊起來。這既是俗常的生活享受，又是對中國文化精神的自然理解與精細品味。藝術與生活在這個文化層次上融合無間。它深入骨髓，深入到常人不可思議。所謂氣質、風格、情調、韻味等等，屬於審美範疇的東西，往往就是被這樣一些具有文化滲透性的家常瑣屑浸染而成。」

　　這些零碎的事物，以及對這些事物的品味，是文化趨向精緻化過程自然的產物。品味於文化之中養成，因此便有了如明人文震亨的《長物志》那樣的書，一條目一條目地講究門該用什麼色的漆，窗櫺子該有幾格，有時簡直到了刁鑽的地步。那刁鑽乃是來自對於各種細微差異的鑑別。其中當然也有借標榜品味呼朋引伴，區隔同類的雅，以及他者的俗。

　　挑剔美感：一齣好戲，一首好歌，一篇好文章，一道透出刀工與火候的好菜……；透悉每個物件意在言外的涵義：嗜好啤酒或紅酒的差別，手提Balenciaga機車包或身背JanSport書包的差別，選擇同一大吉嶺茶園的初摘茶或次摘茶的差別……。文化把我們教養成鑑別這些細微差異的人，在裡面產生了偏好，也就養出了種種的癖性。

耽溺與超脫的拉扯

但另一方面，文化也往往提供另一種教育。

一種主張中庸之道，「喜怒哀樂之未發，謂之中；發而皆中節，謂之和」的教育。

一種要我們放下分別心、放下我見與成見的教育。

禪宗三祖僧璨的〈信心銘〉：「至道無難，唯嫌揀擇。但莫憎愛，洞然明白。毫釐有差，天地懸隔。欲得現前，莫存順逆。違順相爭，是為心病。」也就是說：內心的好惡，對事物的偏愛與挑揀，乃是障蔽了我們，使我們無法理解至道的原因。想要真理現前，唯一的方式是不存有「順」或是「逆」的分別心。放下這些，回到一雙不被好惡遮蔽、沒有成見襲染的澄明眼睛，真理便在眼前了。從佛家的觀點，我們所執著、貪愛的種種，不過是「相」與「境」。佛家為我們指出超越諸相，進入更高智慧的可能：「離一切相，是名諸佛」。

這是文化的兩個力量。文化一方面產出精緻，片面，瑣屑，令人耽溺其中的種種事物。但文化中也具備有超脫這些有形事物，任運而行，不役於物的教養。兩種力量相互對話著。人在其中尋找著平衡，與出路。這是人的可愛，與可憐之處。

沒有前者，文化便不成其為文化了。但沒有了後者，我們的生命就失去進一步超越提升的可能。

《紅樓夢》的大觀園正是一處把物質文化打磨到極精緻的所在。角色的才情個性，於一樁樁的品賞經驗裡顯出飽滿的顏色。賈寶玉和他的姊妹們都是有癖、有才、有個性之人。想想妙玉的潔癖，她的個性不都在那只劉姥姥喝過、而她嫌髒的杯子上頭嗎？如果妙玉是個允執厥中，不存偏好的人，那又有什麼意思呢？

然而曹雪芹並不只是在說一個富貴人家才子佳人的故事。他很清楚人所依戀的外境雖是暫時的安頓，卻也是虛幻不牢靠的。小說的後半他將賈府自繁華的至高點推下，讓大觀園的化境摔成了一地的碎片，從而把賈寶玉丟回給了白茫茫真乾淨的大地。若非曾經登上虛幻的八寶樓閣，後來的落空也不會那麼徹底了。白茫茫的大地是乾淨，也是無所憑依；是流離失所，也是自由。

我以為《紅樓夢》中賈寶玉的經歷，大概也可以看作人在文化的兩種力量中，尋找安頓的歷程吧。

許多人都曾深入文化曲折繁複的路徑，體會過人類所創造最精緻的顏色、聲音，與氣味，而最終卻像《紅樓夢》裡的甄士隱那樣來到了一個，「眼前無路想回頭」的境地。

我可以抗拒一切，除了誘惑。——王爾德

物‧陳永凱

Maps

一個有待補充的筆記

編輯部

周文王嗜吃「昌蒲菹」，崇拜聖人的孔子聽到後，便效法他。誰知道味道實在難聞，每次都要皺緊眉頭才能勉強吃下去，三年後才終於適應了它的味道。另，《論語》記載孔子「(肉) 割不正，不食。不得其醬，不食。……席不正，不坐。」不知是否也算是一種特別的癖好。

周幽王寵愛褒姒，但褒姒生性不愛笑，只有在看到幽王舉烽火召集諸侯時，才會大笑，周幽王為了滿足自己看褒姒笑的癖好，因此也就極力滿足褒姒，終於導致亡國。

齊桓公癖好穿紫色的衣服，結果導致整個齊國境內幾乎買不到其他顏色的服裝。齊桓公想要改變風俗，便向管仲請教，於是管仲教他每當有穿紫衣的臣下接近便謊稱「退後一點，我討厭紫色的味道。」沒多久，齊國境內就不再看到紫色衣服了。

楚成王有嗜吃熊掌的癖好，他因想要將太子換成公子職，而使得原太子商臣起兵叛變。楚成王被圍困於皇宮之中，臨死前還想要再吃一次熊掌，順便拖延一下時間等待救兵。商臣沒滿足他父親臨終的要求。

前 613 年，楚莊王有喜好「細腰」的癖好，使得整個楚國的人都發起瘋來餓肚子瘦身。

鄭國公子宋每當食指大動的時候，都會嚐到特別的食物。

楚國將軍司馬子反癖好杯中物，在與晉國的鄢陵大戰中，居然還喝得不省人事，結果導致楚共王負傷戰敗，自己也被問罪處斬。

中國與癖相關大事紀

	夏		商		西周	
4000BC.	3000BC.	2000BC.	1200BC.	1000BC.	800BC.	

以歐美為主的其他地區與癖相關大事紀

希臘神話中，不僅有著宙斯、阿波羅、波塞冬等人同性戀癖好的故事，更記載了一個自戀狂「納西瑟斯」(Narcissus)。他因為愛上自己水中的倒影，最後淹死在水中成了一朵水仙花。而自戀 (Narcissism) 一詞，也源自於此。

公元前 $5～6$ 世紀，古希臘悲劇詩人索弗克里斯 (Sophocles，496~406B.C.) 著《伊底帕斯》(Oedipus)，敘述伊底帕斯弒父娶母，終至刺瞎雙眼自我流放的悲劇，成了戀母情結說法的起源。

女詩人莎弗 (Sappho，前 $610～$ 前 580) 因獨創莎弗體詩歌，成為歷史上第一個留名的女詩人。同時她也在 Lesbos 島上創立女子學校，女同性戀 (Lesbian) 一詞即源自於此。

希臘文「喜劇」(Komoidia) 一詞原義為「飲酒狂歡歌」，與古希臘對陽具的普遍崇拜及其慶典有關。

希臘好男風甚盛。同時，希臘因為土地貧瘠，因此以種植葡萄、橄欖為主，因而盛產葡萄酒。希臘人並認為：「葡萄酒是最佳良藥。」

柏拉圖 (前 $427～347$ 年) 說：「你可以在與一個人一小時的玩樂時間裡獲得比與他交談一年更多的認識。」

公元前 323 年，亞歷山大大帝定都巴比倫，被尊為「亞洲之王」。史上有關他是同性戀的猜測始終未斷。

吳王僚嗜吃炙魚，公子光想要奪回王位，便派專諸前去太湖學習炙魚的技術，最後得以近身行刺，而公子光也終於登位成為吳王闔閭。

越王句踐刻意使國人有崇尚勇氣之風，最終打敗吳國，復仇雪恥。而越國境內的人都有「斷髮紋身」刺龍刺鳳的風氣，也算是一種有異於中原國家的特殊癖好。

楚國人葉公子高愛「龍」成癖。不僅是身上佩劍、鑿刀飾有龍紋，連家裡也處處雕刻著龍。上天有感於此，便派了一隻龍來讓他大開眼界。葉公突然見龍，反被嚇死。

約前**439**年，墨子有一次為了制止楚王攻打宋國，便舉了一個「富人偷竊窮人東西」的例子暗示楚王的行徑，他問楚王有這種行為的是什麼樣的人？楚王回答這個人一定是有「竊疾（偷竊病）」。

魏王為了挽著愛人龍陽君的心，便下令禁止談美人，犯禁的便要全家抄斬。後來這種癖好便被同性戀者稱為「龍陽之好」。

《呂氏春秋》記載一個人因身上有異常的臭味，使得親朋好友都沒法與他住在一起，於是傷心之下逃到海島上隱居。誰知道那兒卻有一個喜歡這種臭味的人，白天夜晚都要跟著他，連一刻都不能離開他。這個「逐臭之夫」，顯然患有「臭癖」。

西漢哀帝寵愛董賢，一次睡醒後發覺董賢枕著自己的袖子睡得正酣，不忍吵醒他，便拿劍將自己的袖子割斷。後人以此將同性戀比為「斷袖之癖」。

雲梯

春秋 戰國 秦 西漢 新莽 東漢
600B 400BC. 200BC. 50BC. 0

前**509**年，羅馬時代對性、愛的態度是十分分裂的。一方面，羅馬的律法對一夫一妻制度，家庭宗長的權威要求十分嚴格，一方面又十分耽溺於性愛與狂歡。羅馬人對陽具的崇拜，十分狂熱。由於陽具代表力量，可以去邪，所以羅馬人把陽具的象徵掛在廚房、臥房，甚至自己的脖子上。今天英文fascinating（很棒）的字源，就是拉丁字fascinum，陰莖。

犬儒主義的代表人物第歐根尼（Diogenes）長年住於木桶之內。一次亞歷山大慕名來訪，當亞歷山大問他需要什麼時，他只是驕傲的回答：「只希望你閃一邊去，不要擋到我的陽光。」

前**264**年，角鬥士（Gladiator）表演正式開始。據李維《羅馬史》記載，前174年，為了向弗拉米尼烏斯死去的父親表示敬意，讓74個角鬥士廝殺了三天。即使一般的宴會，也會以角鬥士助興。觀賞角鬥士廝殺從此成為羅馬人的血腥癖好。

地理學家厄拉多塞（Eratosthenes of Cyrene，前276~前194）出生於希臘在非洲北部的殖民地昔蘭尼，曾擔任亞歷山大里亞的圖書館館長，晚年因雙目失明不能閱讀書籍而絕食自殺。顯然，他有極為嚴重的閱讀癖。

華陀發明麻醉藥劑「麻沸散」。

荀彧有「香癖」，據記載他每次去別人家中作客，走後他所坐過的席子還能保留香氣三天。其後，西晉劉季和也有香癖，每次上完廁所後一定要到香爐燻上幾燻才可罷手。

曹操養子何晏，為人極為自戀，史稱：「晏性自喜，動靜粉帛不去手，行步顧影。」人稱「傅粉何郎」。此外，何晏吃蒸餅時，如果不將餅折成十字，他就不吃。何晏顯然不只有自戀癖還有敷粉癖、十字癖。

魏晉南北朝因戰爭連年，當時人多有藉酒逃避現實的作為。當時負有盛名的竹林七賢即以嗜酒聞名，其中的劉伶與阮籍更是著名的嗜酒狂徒。

杜預稱當時人王濟有「馬癖」，稱和嶠有「錢癖」，而自己則有《左傳》癖。杜預的《左傳注》被人視為經典。

王羲之不僅愛鵝成癖，更嗜吃「牛心炙（烤牛心）」。而王羲之的兒子王徽之則有「竹癖」，一次暫時借住友人空宅，也叫人栽種竹子，說：「何可一日無此君。」

南朝梁代顧野王所著字典《玉篇》開始收錄「癖」字，並作了第一次的解釋：「癖：食不消，留肚中也。」宋代陳彭年的《廣韻》沿襲這種說法稱：「癖：腹病。」而遼釋行均的《龍龕手鑑》則簡略為：「癖：病。」直到明代梅膺祚的《字彙》，書中對「癖」的解釋才變為：「癖：嗜好之病。」而事實上早在魏晉南北朝時，如杜預等人已經在使用「嗜好之病」的意思了。

王勃與弟弟以文章著稱於世，他的父親王福時每次會客便要稱頌他們一番，因而被人稱為「譽兒癖」。

唐玄宗迷戀牡丹花，一時間上至滿朝文武、下至平民百姓，都開始培植栽種牡丹花。致有詩人作詩感嘆：「近來無奈牡丹何！數十千錢買一棵。」並有「一國若狂不惜金」的說法，唐文宗時人裴度更在臨終前說：「我不見此花而死可悲也！」

楊貴妃喜愛嶺南荔枝。唐玄宗便在京城長安一路專門驛，從嶺南將新鮮的荔枝晝夜不停的運送到長安。杜牧為此作詩諷刺：「一騎紅塵妃子笑，無人知是荔枝來。」

陸羽將其茶道著為《茶經》一書，是世界上第一部茶葉專著，被後人稱為「茶聖」。

張籍有「花癖」，一次聽說貴侯家有山茶花一株，花大如盤，他忖度一下覺得不太可能到手。便用自己的愛姬柳葉做為交換。被時人稱為「花淫」。

唐朝詩人白居易有詩：「人各有一癖，我癖在章句，萬緣皆已消，此病獨未去。」

> 魏晉名士為了預防傷寒而流行服用寒石散，服散後據說有「心加開朗、體力轉強、行動如飛」的功用，但副作用是會產生幻覺及異常燥熱的症狀，因此服散後必須以狂走的方式將藥性發散，是「散步」一詞的由來。而長期服用此散則將導致人格產生暴躁易怒等等弊端，服散之風一直流行到唐朝才告終止。寒石散可以說是迷幻藥的始祖。

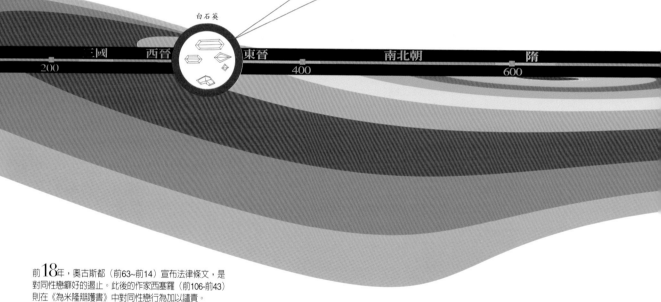

白石英

三國　西晉　東晉　南北朝　隋
200　　　　　400　　　　600

前18年，奧古斯都（前63~前14）宣布法律條文，是對同性戀癖好的遏止。此後的作家西塞羅（前106-前43）則在《為米隆辯護書》中對同性戀行為加以譴責。

羅馬帝國加利古拉國王（前12~41）有奇特的性好，不僅在王宮中開設「御用妓院」，更曾和他的三位妹妹發生不倫的關係，而這妓院裡的成員也都是他自己的妹妹。此外他更與動物發生性關係。

羅馬為了讓死刑犯在死前受到足夠多的痛苦，而發展出諸如釘在十字架上鞭打致死，或者用火活活燒死，或者用棍棒毒打之後從懸崖上拋下等等手段，可謂殘忍至極。然而執行死刑對於羅馬人來說卻是一種慶祝活動，自然也是一種變態的癖好。

羅馬不斷地擴展版圖，每征服一個地方，就徵收那個地方的財富，俘虜則成了奴隸。全國有三分之一是奴隸，而用各種各樣、千奇百怪的方式虐待奴隸，自然也成了許多羅馬人的癖好之一。

啞劇在奧古斯都時引進了羅馬，到了尼祿（Nero，37~68）繼位時，啞劇演員獲得了很高權力，也深受當時人民的喜愛。

凱薩任執政官的時候，大量舉辦角鬥士表演，凱薩本人所用以參加表演的角鬥士就有三百二十對之多。249年，為慶祝羅馬建城一千年，二百名角鬥士、六十頭獅子以及數十頭老虎與大象，混在羅馬競技場內廝殺血戰。

古羅馬的歷史學家蘇埃托尼烏斯（Suetonius，69-122）在《羅馬十二帝王傳》記載到，奧古斯都「有私通的癖好、晚年喜歡玩弄少女」，一次更當著一位卸任執政官的面將該人的妻子拖到臥室強暴，完事後再將該婦人拉回餐桌繼續用餐。

段成式有藏書癖，有名言：「借書還書，等於二呆。」堪稱經典。

唐朝初期至中葉，書籍裝幀陸續出現了經折裝、旋風裝等形式，雕版印刷發明。印刷術經五代至宋朝而大盛。宋版書也開始成為許多讀書人及書癡夢寐以求的寶物。

李後主特別喜愛能歌善舞的愛妾窅娘，因而為她構築六尺蓮臺以使她在其上舞蹈，窅娘為加強視覺效果而以帛布纏足，李後主為此深深著迷，此審美觀傳到民間之後，逐漸演變為纏腳的病態癖好。

鄭俠有奕癖，「自以左右手對局，左白右黑，精思如真敵。白勝則左手斟酒，右手引黑瞬反是。」

米芾除有「石癖」外，更有「嗜古書畫之癖」，每次看到別人所藏佳品，必定要臨摹幾份，日後則以此換得其他佳品。一次與蔡攸一起觀賞王衍字帖，米芾看後便將捲軸納入懷中，起身就要投河自盡。蔡攸一問之下，米芾答道：「生平所蓄，未嘗有此，故寧將死耳！」蔡攸不得已只好將字帖送給米芾。

楊萬里在〈宜雪軒記〉中稱，有癖之人「若病膏肓，若嗜土炭，未易瘳也。」認為「癖」這種病是不容易治癒的。

宋朝宋伯仁自稱有「梅癖」，而這個雅癖也使他完成了《梅花喜神譜》一書，是後代畫梅者的參考經典。此書同時也是宋代版畫的精品之作，曾先後經士禮居、藝芸書舍、滂喜齋收藏。

北宋孫奕著有《履齋示兒篇》，其中有〈癖〉、〈癡〉兩章，稱：「性癖之不同，如人面焉。」

南宋詩人杜旃有詩癖，著有《癖齋小集》。

元朝趙夢堅有藏書畫癖，一次他以珍寶名畫換得極為名貴的《蘭亭集序》完整拓本，狂喜之餘，便連夜搭船回家。不料途中遭遇大風，將船翻覆，他幸得被沖到水淺之處而得以站立，只見他緊緊抓住此一拓本，便向其他人說：「蘭亭在此，餘不足介意也。」此後他更在卷首處提了「性命可輕，至寶是保」八字。

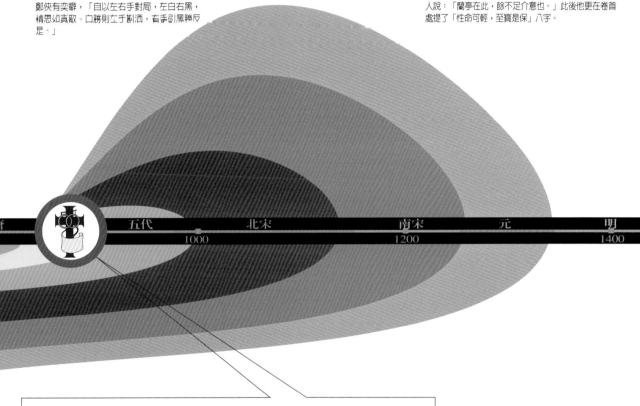

書		五代		北宋		南宋		元		明
0			1000			1200			1400	

對中古世紀的基督徒來說，宗教愛就是全部。因而即使是對自己妻子，如果懷有過多的肉體慾望，都是犯了通姦罪。

羅馬皇帝奧勒留（161~180在位）為了輔助睡眠、抒解戰爭所帶來的壓力，而大量服食鴉片。

從第3世紀開始，有許多男女到沙漠中孤獨一人，禁欲苦修，是為「沙漠聖父」。但是在大約同時，基督教的主流也越來越世俗化，產生另一股不同的力量。從第四世紀到十四世紀的歐洲社會，一方面當時的人們普遍認為孤獨的生活十分危險，因為一個人必須單獨面對自然界的野獸與成群的強盜或蠻族的迫害，因而有人主張應立法禁止獨居式的隱修。

313年，君士坦丁因皈依基督教，而頒佈《米蘭詔書》，開啟對基督教的寬容。並下令焚燒異教徒藏書籍，對圖書館與博物館進行大規模破壞。

645年，日本孝德天皇推行大化革新運動，對中國的官制、禮制、服飾、節令、曆法與娛樂等等政治、文化制度進行模仿。中國的茶道、書法、圍棋，也於此時傳入日本。

8世紀，阿拉伯商人開始將鴉片傳入伊朗、中國。

815年，日本遣唐使及僧侶由中國帶回茶樹種子，後來更將中國的茶道、茶葉與禪理結合，發展出獨特的日本茶道。

11世紀，阿拉伯人藉由義大利南部的薩萊諾將蒸餾技術傳入歐洲。

義大利作家薄伽丘（Giovanni Boccaccio，1313~1375）的《十日談》(Decameron)，內容許多是理該禁慾的修士修女們如何耽於淫樂的故事。

約 **1544** 年，藏書癖極為嚴重的朱文石，一次為了得到宋刻本《後漢紀》，竟用身邊的侍姬做為交換條件。這位美婢曾經幫以工整的楷書補抄了李清照的〈金石錄後序〉，使《金石錄》成為完璧。美婢走時於牆上留下「他日相逢莫惆悵，春風吹盡道旁枝。」

有「瓶癖」的袁宏道，為此寫下了《瓶史》，書中稱：「余觀世上語言無味面目可憎之人，皆無癖之人耳。若有所癖，將沉湎酖溺，性命死生以之！何暇及錢奴宦賈之事。」

17世紀，煙草藉由福建水手與商人從菲律賓傳入中國，吸煙熱潮開始在中國蔓延。

張岱在《陶庵夢憶》的〈祁止祥癖〉中說：「人無癖，不可與交，以其無深情也；人無疵，不可與交，以其無真氣也。」

閔于忱著有《枕函小史》，其中有〈顛癖小史〉，收有五十種癖及故事。當中已談到「煙霞癖」，但此時的煙霞癖指的是「愛好山水的癖好」。直到吸食鴉片普及後，煙霞癖才成為吸鴉片的代稱。書中並有「香癖、談鬼癖、牛心炙癖、案牘癖、奇服癖」等特殊癖的記載。又因為擁有某種「癖」的人往往也會被人稱為「顛」，如花顛等等，因此篇名叫做「顛癖小史」。

方以智之子方中德著有《古事比》，書中有〈嗜癖〉篇，羅列古往今來數百種癖好與嗜好，雖然文辭簡略，但卻是研究各種癖好的重要著作。

清順治年間，有書畫癖的吳洪裕，死前竟囑附家人將《智永法師千字文真跡》及《富春山居圖》燒掉殉葬，可謂自私之極。所幸《富春山居圖》並未燒完，現藏於故宮博物院。

康熙初即位時，年紀尚幼，而鰲拜專權，因此隨時有被篡位的可能。康熙於是假裝有「相撲癖」，整日沈迷相撲、摔角比賽之中，從而光明正大的訓練出一批相撲能手，終於生擒鰲拜。清朝宮廷中設有「善撲營」並大力提倡相撲運動，其因在此。

張潮在《幽夢影》中說：「花不可以無蝶，山不可以無泉，石不可以無苔，水不可以無藻，喬木不可以無藤蘿，人不可以無癖。」

1704年，康熙命張玉書等人撰成《御定佩文韻府》，書中有「癖、癡」等分類標題，各收錄有六十餘種的癖與癡的簡略說解。

曹雪芹（約生於1715~1763）耗盡一生心力寫作《紅樓夢》，開篇即坦言：「滿紙荒唐言，一把辛酸淚。都云作者癡，誰解其中味？」其中賈寶玉的癡、林黛玉的潔癖、劉姥姥的吃癖，都是具代表性的典型。

明

1400　　1500　　1600

1455年，古騰堡發明活版印刷術，促成歐洲各地不同民族語言與文化之興起。到莎士比亞之後，戲劇的興起與普及；巴哈之後，音樂的興起與普及，都開啟了許多新的娛樂之可能。

咖啡最早起源於阿拉伯，因《可蘭經》中禁止飲酒，因此咖啡成為廣受歡迎的飲品，後來咖啡便以「阿拉伯酒」的名義傳入歐洲。16世紀，世界第一家咖啡廳開設於君士坦丁堡。17世紀，歐洲人開始喜好飲用咖啡，並在倫敦、巴黎等地陸續開設咖啡廳。

1492年，哥倫布發現新大陸。繼之也將歐洲殖民主義帝國的勢力引進美洲，基督信仰開始滲透到新大陸。而與此同時，印地安人的癮品「煙草」等幻劑也傳回歐洲。16世紀末，抽煙已經成為歐洲人普遍的嗜好，吸鴉片更成為上流人士的嗜好之一；到了19世紀初，歐洲開始流行抽紙煙。

1528年，西班牙人科特斯（Cortes）將起源於瑪雅文明的巧克力由美洲帶回西班牙，是巧克力傳入歐洲的開端。此後巧克力狂「chocoholic」一詞也便應運而生，因巧克力也是一種容易讓人上癮的物質。

1528年，培根（1561~1626）在《生與死的歷史》中寫道：「在這時代變得如此普遍的煙草……（帶給人們）如許的暗黑與滿足，所以一旦吸食了，簡直捨不下。」首次對煙草上癮的情況做出描述。此外，他也提出：「對於年輕人，旅遊是一種學習方式；而對於成年人，旅遊則構成一種經驗。」

曾國藩在〈原才〉中說：「風俗之厚薄奚自乎？自乎一二人之心之所嚮而已。……風俗之於人之心，始乎微，而終乎不可禦者也。」認為個人的影響力其實是很大的。而通常一個名人的癖好，也往往能造成一個時代的風潮。

1838 年，道光皇帝派遣林則徐到廣州禁煙，林則徐下令焚燒英國進口鴉片，是鴉片戰爭的導火線。1839～1842，中英鴉片戰爭，中國敗於英國船堅砲利之下。1856～1858，中英第二次鴉片戰爭，中國再次敗北，鴉片徹底合法化。

1862 年，清廷在北京設立同文館，翻譯出版西方著作。

1869 年，中國建立了現代郵政系統。郵政系統的建立，也為集郵、收集明信片等嗜好提供了良好的環境。

1892 年，韓子雲以吳語寫成《海上花列傳》，1962年，胡適為此書寫了長序，序中除極力稱讚這本「採用蘇州土話」完成的方言作品外，更引用蔣瑞藻《小說考證》中引用的《譚瀛室筆記》的話說：「韓為人風流蘊藉，善奕棋，兼有阿芙蓉癖。」

1727 年，英國開始輸入鴉片到中國。1729年，清朝開始明令禁止鴉片貿易。1757年，英國占領鴉片盛產地孟加拉，銷往中國的鴉片暴增五倍。1760年，鴉片膏的調製方法獲得改良，原先混合煙草絲及精鍊鴉片一起吸食的方式，改為純粹吸食鴉片。然而，此時吸鴉片還是屬於富貴人家的專有消遣方式，直到1870年代時，普羅大眾已經可以負擔吸食鴉片的費用。

粟子殼

清

1700　　　　　　　　1800　　　　　　　　1900

1610 年，中國茶葉傳入荷蘭。1630年，茶葉傳入英國與法國。1657年，英國咖啡廳開始供應中國茶，又經過廣告宣傳，茶葉以能治萬病而廣受歡迎，之後經過皇宮貴族的提倡，英國開始盛行飲用紅茶。1614年，奧格斯堡（今德國境內）明訂法規規定：「白蘭地不可無節制的飲用，只可為補充體力或醫療目的而飲。」像白蘭地、威士忌等高酒精濃度的蒸餾酒，一開始的意思都是「生命之水」，意指具有強大的預防疾病效用，然而同時也容易讓人上癮、中毒。酒精中毒「alcoholic」便由此而來。

1646 年，法國哲學家及數學家巴斯卡（Blaise Pascal），發明注射針筒。

愛好數學解題的費瑪（Pierre de Fermat, 1601～1665），死後留下了深奧難解的費瑪最後定理（Fermat's Last Theorem），這個定理直到1994年才被人給「證明」。

牛頓（**1642～1727**）除對煉金術有著極端興趣之外，更有一大癖好，那就是對任何東西他都想要親自看看、摸摸，甚至親口嚐嚐。在他的實驗手記裡有108處記載了他所品嚐的各種物質的味道，就是這種奇特癖好所促成的成果。

18 世紀下半葉，工業革命開始蓬勃發展，但人們的工作時間並沒有因為許多機器的發明而得到縮短，反而更形增長，且隨著人口的增加，人們為了在商業環境中求得生存，耗在工作上的時間也就不減反增了。於是工作狂「workaholic」一詞也應運而生。

1843 年，有「觀星癖」的德國藥劑師施瓦貝（S. H. Schwabe, 1789～1875），發現太陽黑子的活動具有11年的周期，成為著名的業餘天文學家。

1862 年，雨果（Victor Hugo, 1802～1885）在目睹了「三十年戰爭」的暴行之後，完成了長篇大作《悲慘世界》，雨果自稱寫作必須赤身裸體才能達到文學的最高境界。

1886 年，精神心理學家馮克列夫列伊賓（Richard von Krafft-Ebing），首先提出Sadism（施加性虐待的快樂）這個詞，為SM現象之浮出揭開序幕。SM是Sadism加上Masochism（接受性虐待的快樂）之後的Sadomasochism的縮寫。

歐洲從中世紀開始到英國維多利亞女王時代（**1837～1901**），是貞節褲和貞節帶大流行的時期。而許多的上流人士更盛行從下層社會裡領養「義女」和「教女」，這些「養父」不僅負擔這些女孩的一切開銷，更讓這些女子接受上流社會的教育，等到了一定的年齡便由這些養父取走這些義女的童貞。盧梭在《懺悔錄》裡便提到他曾與人合夥撫養過「義女」。

巴伐利亞國王奧圖一世（**1848～1916**）有令人髮指的癖好：「殺人癖」。有精神疾病的他，為了控制病情每天都要槍殺一名農民，以藉此讓自己「保持清醒」。

1906年，光緒試圖逐步根除境內種植的鴉片，但遭到部分既得利益者的反對。

1912年，中華民國建立。

張競生（1889-1970）主張婚姻、性交自由，力倡性解放，試圖將現代西方的兩性觀念介紹到中國，1926年出版《性史》。

1946年，國共內戰開始。

1947年，台灣因緝煙警察而有二二八事件之起端。

1950年代，台灣進入白色恐怖時代，閱讀小說成為重要的日常娛樂。

1954年，金庸首次發表《書劍恩仇錄》，大受歡迎，此後陸續創作膾炙人口的《笑傲江湖》、《天龍八部》及《倚天屠龍記》，風靡整個華人地區。此後，小說大量改拍成電影、電視劇。

1962年，台灣電視公司正式設立，同年正式開播電視，是台灣第一家電視台。此後綜藝節目、連續劇、棒球轉播盛行，看電視開始成為台灣民眾最重要的娛樂之一。

1964年，台灣衛生署推廣「樂普」避孕。

1966年，文化大革命開始。

1968年，紅葉棒球隊擊敗日本來訪的和歌山少棒隊，揭開台灣棒球運動的序幕。1988年，中華民國職業棒球聯盟成立，並於1990年正式開打。

1970年代，台視開播黃俊雄閩南語布袋戲《雲州大儒俠》，風靡全台，使許多人欲罷不能。

1980年代，政府公布娛樂稅法，解除舞禁，台北市准許播映午夜場電影。柏青哥電玩、海釣場、卡拉OK、MTV、三溫暖等開始盛行，成為一般民眾的日常娛樂。大家樂賭博風靡全台。咖啡館開始在店內放置投幣式電玩小蜜蜂，以招攬顧客。此外加上風行一時的飆車，都成了容易讓人上癮的活動。

1900　　　　　　　　1920　　　　　　　　1940

1900年，佛洛伊德發表《夢的解析》，為精神分析（psychoanalysis）學揭開序幕，並首次提出了「伊底帕斯情結（戀母情結）」及「伊蕾克特拉情結（戀父情結）」的說法，而後他更在1935年的一封信中宣稱柏拉圖、米開蘭基羅、達芬奇等偉大人物都是同性戀者。

1903年，酷嗜飛行的萊特兄弟，第一次飛行成功。

1912年，因發展收斂血管作用的止血劑，而產生了一種副產品：搖頭丸（MDMA）。到了1980年代後期，隨著銳舞（Rave）的流行，搖頭丸也遭到年輕人濫用，成為一種精神刺激毒品。

1914年，第一次世界大戰爆發。
20世紀前的歐洲，因為褲子是剛毅和男性的象徵，所以女人只能穿裙子，不能穿褲子。如果女人真敢穿褲子，男人就會懲罰她。直到1910年以前，即使在時裝王國法國，只有身分很特殊的女子，才敢在騎馬等運動場合冒著風險穿褲子。
第一次世界大戰結束後，歐洲女性走回家庭，重拾裙褲之分。褲子對西方女人的流行，還是要等30年代美國好萊塢的影響，以及二次大戰結束後，才全面展開。

1925年，貝爾德發明電視機。1928年，貝爾德進一步研製出彩色立體電視機。半個世紀過後，電視讓人上癮的說法便開始甚囂塵上。

1925年，米歇爾傅科（1926~1984）在《性史》中寫道：「在古希臘，真理和性被教學聯繫在一起，把寶貴的知識從一個身體傳遞到了另一個身體。性成了啟蒙教育的媒介。」認為希臘哲人的好男癖是教育的一環，而傅科最後則死於愛滋併發相關的疾病。

1933年，美國經濟大蕭條。

音樂家拉威爾（1875~1937）有「玩具癖」，家裡收藏了為數眾多的諸如發條鳥、報曉雞、音樂盒之類的玩具，後來被人寫成《兒童與魔法》一劇。

埃及國王法魯克一世（1920~1965）有偷竊癖，他的偷竊技巧則是從當時的一位頭號神偷身上學得。在王室聚會中，他不改本性，到處從名人身上偷東西，大到伊朗國王的勳章，小到打火機之類物件都偷。

海明威（Ernest Hemingway，1899~1961）有站著寫作的怪癖。

有刀劍癖的阿根廷小說家波赫士（Jorge Luis Borges，1899~1986）在《小徑分岔的花園》的序言中說：「寫作大部份的長篇是一種怪癖，既辛苦又受窮，而且是把一個幾分鐘就能說清楚的意思膨脹到五百多頁的胡鬧。」

二次大戰期間，日本成立自殺軍隊「神風特攻隊」，據說有餵食軍人安非他命。

二次世界大戰後，要到進入60年代，嬉皮興起，才再有新一代的社會力量主張與過去不同的人生觀，價值觀，與玩樂觀。1956年，英國搖滾樂團披頭四（Beatles）成立，60年代風靡全球。

1968年，ARPANET開始網際網路的時代。1971年，傳送第一封電子郵件。

進入1970年代後半，愛情與性的放浪者開始遭到打擊。先是疱疹成為全球流行的性病。再緊接是AIDS這個所謂「愛情黑死病」的出現。

米蘭昆德拉（Milan Kundera，1929~）在《笑忘書》中提到「寫作癖」。

1980年代，在英國一些喜歡穿著連兜帽的厚夾克（anorak）的人之間流行著一種奇怪的癖好：「歡火車」（trainspotting）。顧名思義，這些人就站在月台的端點上，記錄著通過月台的火車數目。此後「anorakish」便被用來指那些「喜好收集被認為不重要的資料或短暫流行的物品的狂熱者」。

1973年，李小龍因藥物過敏而突然逝世。他的五部電影在世界掀起中國功夫熱，影響深遠，至今不衰。

1979年，台灣開放出國觀光。

1980年，中共人大批准經濟特區，大陸個體戶取得合法地位。

1980年代，台灣進入婦運蓬勃期。這個年代也是台灣性解放的年代。

1987年，台澎地區解嚴，開放大陸探親。

1987年，行政院衛生署衛署發布「公共場所禁煙辦法」。1997年，又發布廢止本辦法。然而隨著禁煙法的廢除，禁吸二手煙的需求卻有增無減，因而使得許多公共場所開始劃分出「吸煙區、非吸煙區」兩種空間。

2005年，台灣有大學教授因有戀足癖騷擾學生而遭開除。又隨著網路交易機制的成熟，及網路交易的勃興，網路上販賣女性內衣私物以滿足戀物癖者的事件，屢見不鮮。

1990年代初，台灣開始流行日劇。20世紀初，流行韓劇，並都形成相應的哈日風潮與哈韓風潮。此外汽車旅館、KTV開始盛行。

1997年，心血管疾病分居國人十大死因第二、四位，不抽煙、少喝酒，是減少產生這些疾病的不二法門。

2000年，網路硬體設備成熟，網咖大興，台灣遊戲橘子引進韓國NCSoft的「天堂」遊戲，造成轟動。網路線上遊戲，因而被推舉為殺手級應用。許多青少年也隨著這股線上遊戲熱潮，沉迷其中，流連忘返，更有甚者，甚至三日三夜持續遊戲而暴斃。

2002年，台灣開始風靡樂透彩券。吃檳榔自古已有，然而到2002年，美國有線新聞網CNN、日本媒體及英國BBC相繼報導台灣的檳榔西施文化，及當時桃園縣政府頒布的檳榔西施「新三不政策」。讓台灣人的癮頭浮到了國際面上。

1960   1980

1988年，瑞典首開世界先例，通過立法，給同性戀伴侶包括納稅、繼承及其他相關福利。1990年，丹麥則通過「同性戀法」，同性戀者可以結婚，並享有一般男女夫婦一樣的權力。

1990年，提姆‧柏納李（Tim Berners-Lee）把網路帶入WWW時代，網路才開始真正日益普及。隨著網路的硬體與軟體設施的成熟，信息傳播的速度也獲得了驚人的提升。千奇百怪的癖好也隨著網路的普及而四處傳播，而更妙的是上網本身又成了一種新的時尚癖好。

1994年，電腦遊戲公司Blizzard Entertainment推出「魔獸爭霸」第一代遊戲，往後又推出系列作品以及「暗黑破壞神」系列遊戲，每一套全球銷售量都破百萬。同年，Sony推出電視遊樂器「PlayStation（PS）」，並擊敗任天堂以及SEGA，成為最普及的電視遊樂器機種。電玩遊戲，也開始讓無數大人小孩沉迷其中，不可自拔。

2003年，一種興起於紐約的遊戲開始風靡全球，從事這些遊戲的人被稱為快閃族（Flash Mobs）。一種可與數火車媲美的無聊癖好。

1998年，美國輝瑞藥廠壯陽藥物「威而剛」（Viagra）問世，這種藍色小藥丸在全球造成轟動，為成年及老年人的性生活帶來福音。

2002年，微軟MSN即時通訊軟體單月使用者超過3億人，反映了利用網路即時聊天與進行交際的普遍現象，而藉由即時視訊攝影機的幫助，網路虛擬性愛也不再是匪夷所思之事。而使用網路聊天已成了一種普遍性、長時間的活動。

晨光照射——
雀鳥醒躍——
妖怪凋萎的眼睛
遲緩地望向他的故鄉——
啊，寧靜就是樂園！

——艾蜜莉・狄金生〈一陣暴風雨搗碎了空氣〉

獨 · 吳孟芸

鄭振鐸

隱身淪陷區八年的書癡

文—傅凌

約四十多歲的鄭振鐸。（圖片提供／鄭爾康）

這時候，外面的空氣越來越恐怖，越來越緊張，已有不少的友人被逮捕了去，我乃不能不走。……我沒有確定的計畫，我沒有可住的地方，我沒有敷餘的款子。……以前暫時躲避的幾個戚友處，覺得都不大妥，也不願牽連到他們，只隨身攜帶著一包換洗的貼身衣衫和牙刷、毛巾，茫茫的在街上走著。那時，愛多業路，福煦路以南的舊法租界，似乎還比較的安靜些，便無目的向南走去。這時候我頗有殉道者的感覺，心境慘惶，然而堅定異常。太陽很可愛的曬著，什麼都顯得光明可喜，房屋、街道、禿頂的樹，雖經霜而還殘存著綠色的小草，甚至街道上的行人，車輛，乃至蹲在人家門口的貓和狗，都覺得可以戀戀。誰知道明天或後天，能否再見到這些人物或什麼的呢！

上面這段文字，並不是出自於什麼諜報小說的情節，也不是敵後情報人員的回憶錄。而是出自於一位在戰爭歲月裡為搜書、救書而不惜奉上八年歲月，以及身家性命的人。一如文中所言，他是以殉道者的心情在做這件事情的。

鄭振鐸。這位現代中國文學史上旗手級的人物，同時也以愛書成癖，愛書成痴而為人傳頌。要了解他對書的感情到底熱烈到什麼程度，不能不看他怎樣為書而在抗日戰爭中獻身八年的經歷。

1937年8月，日本進犯上海，當時人稱「八‧一三」事變，正式、全面揭開中日戰爭的序幕。

中國江南的藏書家，既多又有傳統，戰火一起，這些藏書家首當其衝，成了莫大的受害者。固然有些藏書家能把所藏遷移安置，不受兵火之累，但許多藏書也毀於兵火。更多的情況是，藏書家或是為了要贍救其家屬，或是為了維持生計，紛紛出售其所藏。如此散出去的古籍，都集中到上海的書市，形成「是那麼多，那麼齊整，那麼精好，而且十分的廉價」的局面。

這樣的情勢中，上海書市固然也有些行有餘力，品味獨到的個人藏書家在精挑細買，但更多的是來自北平的書商。「幾乎每一家北平書肆都有人南下收書。在那個時候，他們有縱橫如意、壟斷南方書市之概。他們往往以中國書店為集中的地點。一包包的郵件，堆得像小山阜似的。」

當時的鄭振鐸，在上海是暨南大學文學院院長。戰爭爆發後，能走的人都離開上海了，鄭振鐸的許多親友也勸他離開上海。但最終他卻還是決定留在上海，不但留下，還一留就是八年。

「從『八‧一三』以後，足足的八年間，我為什麼老留居在上海，不走向自由區去呢？時時刻刻都有危險，時時刻刻都在恐怖中，時時刻刻都在敵人的魔手的巨影裡生活著，然而我不能走。許多朋友們都走了，許多人都勸我走，我心裡也想走，而想走不止一次，然而我不能走。我不能逃避我的責任。我有我的自信力。我自信會躲過一切災難的。」

他的責任是什麼呢？就是在這麼一個動盪的大時代裡，他要為那些顛沛流離的書籍做些事情。

鄭振鐸在上海八年為書籍所做的事情，可以分為兩個階段。第一個階段的四年，是收書；第二個階段的四年，則是保存這些收到的書籍。

第一階段四年，又可分前面兩年與後面兩年。前面兩年，他主要只是進行個人的收藏。這是基於他對中國古文學與典籍的愛好，覺得在這樣一個動盪的年代裡，許多原來深藏不露的珍本古籍既然開始流落在外，他應該趁著這個機會搜羅到，或起碼看到久聞其名的一些書。他的想法，可以看一段深情告白：「我夢想著要讀到錢遵王也是園書目裡所載許多元明雜劇。我相信這些

古劇絕不會泯沒不見於人間。他們一定會傳下來，保存在某一個地方，某一藏家手裡。他們的精光，若隱若現的直衝斗牛之間。不可能為水、為火、為兵所毀滅。」

但在他個人收書的這段時間，由於眼見北平來的書商活動日益加大，「江南的圖籍，便浩浩蕩蕩的車載北去」，先是因為有好書必為其所奪去，而懊惱不已，但接著就起了一個疑問：「他們所售之誰何人呢？」

鄭振鐸打聽的結果是：北方的收藏家雖然也收一些特殊的書，但大半是送到哈佛燕京學社和華北交通公司去。「殿板書和開化紙的書，則大抵皆送到偽『滿洲國』去。」

有了這些發現，他不由得「憂心如搗」！一來是因為覺得這些古籍全都流落到美國人和日本人手上，將來需要研究的人還得到外國去留學。二來是，華北交通公司等收購的書，主要是府縣志及有關史料文獻者，不說遠的影響，光以當時的戰爭情況而言，他就擔心為日本人用來調查物資，研究地方情形及行軍路線。

在這個每天聽到某某某家的藏書又要散出，一個個北平書商又千方百計地想要鑽營門路，拔得先籌，而自己又沒有力挽狂瀾的力量，鄭振鐸的苦悶是可以想像的。他和當時一些關心文獻的人士（代表人士是商務印書館的張菊生先生）商談多次之後，「我們對於這個『搶救』的工作，都覺得必須立刻要做！我們乾脆地不忍見古籍為敵偽所得，或大量的『出口』。我們聯名打了幾個電報到重慶。我們要以政府的力量來阻止這個趨勢，要以國家的力量來『搶救』民族的文獻。」

重慶有了回應，同意了他們的要求。於是鄭振鐸在上海的第一個階段後兩年的生活展開了。他開始為國家而不是個人而開始收集藏書。請看他如何敘述他的生活：

「有一個時期，我家裡堆滿了書，連樓梯旁全都堆得滿滿的。我閉上了門，一個客人都不見。竟引起不少人的誤會與不滿。但我不能對他們說出理由來。我所接見的全是些書賈們。從絕早的早晨到上了燈的晚間，除了到暨大授課的時間以外，我的時間全耗於接待他們，和他們應付著，周旋著。我還不曾早餐，他們已經來了。他們帶了消息來，他們帶了『頭本』來，他們來借款，他們來算帳。我為了求書，不能不一一的款待他們。有的來自杭州，有的來自蘇州，有的來自徽州，有的來自紹興、寧波，有的來自平、津，最多的當然是本地的人。我有時簡直來不及梳洗。我從心底裡歡迎他們的幫助。就是設有舖子的搞包的書客，我也一律的招待著。」

書商帶來的，往往是一些並沒有什麼價值的東西，但是支持他在失望中繼續做下去的，則是有一旦有所得時候的那種狂喜。從他如何解釋他那種狂喜的心情，我們不能不同意他被稱之為書癖也好，書癡也好的道理。他是這麼解釋的：

幾乎把別的什麼全都放下了，忘記了。我甚至忘記了為自己收書。
我的不收書，恐怕是二十年來所未有的事。
但因為有大的目標在前，我便把「小我」完全忘得乾乾淨淨。

「在許多壞書、許多平常書裡，往往夾雜著一二種好書、奇書。有時十天八天，沒有見到什麼，但有時，在一天裡卻見到十部八部乃至數十百部的奇書，足以償數十百日的辛勤而有餘。我不知道別的人有沒有這種經驗：摩挲著一部久佚的古書，一部欲見不得的名著，一部重要的未刻的稿本，心裡是那麼溫熱，那麼興奮，那麼緊張，那麼喜悅。這喜悅簡直把心腔都塞滿了，再也

容納不下別的東西。我覺得飽飽的，飯都吃不下去。有點陶醉之感。感到親切，感到勝利，感到成功。我是辦好了一件事了！我是得到並且保存一部好書了！更興奮的是，我從劫灰裡救全了它，從敵人手裡奪下了它！我們的民族文獻，歷千百劫而不減失的，這一次也不會減失。我要把這保全民族文獻的一部分擔子挑在自己的肩上，一息尚存，絕不放下。」

鄭振鐸為國家所收的書，每一種都有他的激動與血淚。他的〈跋脉望館抄校本古今雜劇〉一文值得一讀。這一篇文章裡又有他收書過程裡，偵探小說般的緊張與懸疑，又有豐富的中國戲曲知識，又有他的獨到見解，何其難得。

1941年12月，日本偷襲珍珠港，太平洋戰爭爆發，上海全面為日本占領，鄭振鐸的生活進入第二個階段。情勢險惡到他連收書的動作也停止了。此後開始的四年，他的工作主要是如何設法把已經搜羅到的書，輾轉運送出去，或是妥予保藏。

這四年裡，為了安全，他甚至不再能在自己的家裡居住。他的日子是這麼過的：

「我東躲西避著，離開了家，蟄居在友人們的家裡，慶吊不問，與人世幾乎不相往來。我絕早的起來，自己生火，自己燒水、燒飯，起初是吃著罐頭食物，後來，買不起了，只好自己買菜來燒。在這四年裡，我養成了一個人的獨立生活的能力，學會了生火，燒飯，做菜的能力。」

這篇文章一開始所引的段落，也是鄭振鐸在這四年生活裡的記錄。而這段生活，終於以抗戰勝利為結束。

鄭振鐸的筆名為西諦

鄭振鐸的人生，又是另一番局面。

回顧鄭振鐸在這八年所做的事情，就一個後來的人而言，最大的感佩有以下幾點：

首先，是一個書生的志氣與力量到底可以發揮到多大。他為了保存古籍而奮戰的那四年，「其初，僅阻擋住平賈們不將江南藏書北運，但後來，北方的古書也倒流到南方來了。我們在敵偽和他國人的手裡奪下了不少異書古本。」

第二，他雖然愛書如命，一旦開始為國家收書之後，「幾乎把別的什麼全都放下了，忘記了。我甚至忘記了為自己收書。我的不收書，恐怕是二十年來所未有的事。但因為有大的目標在前，我便把『小我』完全忘得乾乾淨淨。我覺得國家在購求搜羅著，和我們自己在購求搜羅沒有什麼不同。藏之於公和藏之於己，其結果也沒有什麼不同。我自己終究可以見到，讀到的。」

第三，就算生活固然過得這麼艱苦（第二個階段東躲西藏，實在拮据的時候，他也不得不再把自己舊藏的一些書賣掉），一個愛書如命的人，則是絕不會讓生活過得無趣的。後來他回顧，竟然還編印了許多書，整理了不少古書，寫了好些跋尾。「我並沒有十分浪費這四年的蟄居的時間」，他說。

1949年後，鄭振鐸擔任起中華人民共和國政府裡的職務，最高做到文化部副部長。1958年他奉派到阿富汗等地訪問時，不幸在蘇聯上空飛機失事罹難。

他如此愛書，因此也是個幸運的人。他不必趕上文革的場面，不必為書心碎。

（本文引用資料來自《西諦書話》中的〈求書日錄〉）

讓整個世界High起來的
溜鳥癖
Mark Roberts

英國每逢有大小的體育賽事，主辦單位都嚴陣以待，把整個場地貼滿這位仁兄的懸賞布告，警察甚至要先拿到他的簽名才將他戴上手銬，還曾令網壇辣妹庫妮可娃以毛巾掩臉……他就是世界著名的溜鳥大王——馬克・羅伯茲（Mark Roberts）。來自英國利物浦的他，1993年在香港打工時，於「國際七人橄欖球賽」上獻出了他的處女作，從此他便樂此不疲。到目前為止，羅伯茲「出場」的次數已經累積到三百多次以上，成為世界紀錄保持者。對溜鳥的堅持、以溜鳥為榮，讓他一舉成名。

訪問—Net and Books　翻譯—胡子平　圖片提供—Mark Roberts

我們知道你第一次裸奔是在某種開玩笑的情況下發生的，那時候你是在香港工作，你是有受到誰的啟發嗎？

　　我沒有受到任何人的啟發，是我自己的腦袋啟發了我！裸奔拯救了我的生活！它完全改變了一切，它成了我生命中的工作，而我總是喜愛由此帶給我的榮譽感，同時亦給了我生活上的方向。在這之前，我知道我想要做些什麼事，但那是什麼我卻不知道。

你還記得你第一次裸奔的感覺是什麼嗎？跟最近一次的裸奔有什麼不同？

　　第一次裸奔時，當然我是相當的緊張。但達成了我首次的嘗試後，我轉過身，覺得那真是我生命當中非常重要的時刻。整個球場的觀眾反應非常不可思議，巨大的吼叫聲快要將人震聾，那就像是在球賽的最後一刻敵對雙方都踢進得分的勝利感。我第一次裸奔的經驗改變了我的生命，最近一次在足球場的裸奔是企圖將歡笑帶給比利時的觀眾，而我也確實讓他們都笑了起來。

2003年，羅伯絲在一場皇家馬德里對貝迪斯的足球賽上裸奔，在自己的身上寫著「I'm The Real Goldenballs」為一個賭博網站作宣傳。

你裸奔的目的是什麼？是什麼讓你對裸奔如此著迷？

娛樂大眾，成千成萬的觀眾。即使有數千名的觀眾立刻顯露出他們不想看的意願。對我而言，當我裸奔逃離警察的追捕時，那種自由的感覺是很棒的，我覺得我好像正在掙脫社會的束縛。當我聽到觀眾大聲歡呼的那一刻，我就知道自己又成功地完成了一次裸奔。其實我從未想過它可以維持這麼久（十二年）。我從未接收過很糟的反應，而這種正面的反應就是讓我一直持續下去的原因。

你怎麼形容你的個性？叛逆的、幽默的、無畏的、具決心毅力的……？

你都說對了，叛逆的、幽默的……或許不是天不怕地不怕。但當我裸奔的時候，我會克服自己的恐懼；而且我一直都非常有決心毅力的，沒錯。

對於「和平傳遞者」、「妨害公眾的討厭鬼」……這類的稱呼你感覺如何？

我所做的事，沒有任何的法律特別明言禁止，所以執法當局只好找些別的罪名，而他們幾乎總是用錯誤的罪名來起訴我，所以我抗辯宣稱無罪。我不是一個妨害公眾的討厭鬼，我從不在外頭侵犯任何

人，而且在法庭上群眾的反應總是能證明這點。

你曾說過，假如絞刑要在英國恢復執行的話，你將停止裸奔，現在你仍舊這麼認為嗎？

我的意思是說坐牢與罰單不會阻止我繼續裸奔，只有死亡才會阻止我的神聖任務。

看到這些所有你要繳的罰金及所有的罪名指控，你仍然覺得這很值得嗎？

以金錢來衡量，我所做的事是無價的。每一分我所付出的罰金都很值得；這是世界上唯一你必須付錢才能做的工作。

裸奔不但無償，還要付錢才能做，那你會擔心自己的財務狀況嗎？除了拍攝廣告外，有其他的贊助嗎？

有小孩之前，我從未擔心錢的事，它不是我優先處理名單中的前幾項。我用兼職打工的薪資來籌措我裸奔的經費，而且感謝我的朋友們非常慷慨的借我錢。

你每次裸奔前，都會先做好細部的計畫嗎？

通常我會計畫好幾個星期或好幾個月，甚至長達一年，而且會到網路上搜尋資料，檢查體育場的設計、保安措施所產生的障礙、準備好我的魔鬼「戰衣」（魔鬼粘衣〔Velcro Suit〕，沒有鈕扣、容易脫開，用黏貼片製造的衣料）。但有時候，我

會在幾分鐘的時間內臨時決定要裸奔一次。像1994年我在利物浦市中心一家酒館當酒保時，所有人都在看電視上的足球轉播賽，兵工廠隊正在利物浦踢球，那是一場無聊的球賽，所以我決定讓氣氛活潑一點，於是便跳上計程車直衝往Anfield球場去。由於我沒有買票，於是我說服了幾位青少年製造混亂分散注意力，然後就一路跑進去。進去以後我直接走到座位前方，脫掉衣服，將衣物留在兩個警察後面的階梯上，然後我大喊：「借過一下！」那些警察便退開到一旁。我跑到球場上，在中心圈上作了幾個伏地挺身，跟希曼（David Seaman，兵工廠隊球員）握握手，然後向一對笑翻的警察自首。其中一位勇敢的警察用他的頭盔將我的私處遮住，然後告訴我要對著向我起立鼓掌的兵工廠隊球迷們鞠躬致敬。

我離開足球場跳上一輛計程車，回到酒館，我算過距離離開的時間只有三十分鐘。結果我的老闆是唯一看不出趣味性在哪兒的人——他立刻開除了我。隔天我上了所有報紙的版面，走在街上人們一直攔截著我，跟我聊天。

每次裸奔你都會有不同的口號、標語寫在你的肚子上嗎？

每一次的活動顯然地都會有不同的事情在發生，所以每一次我都有不同的相關訊息在上面，不僅是我的演出，還有我身上有趣的訊息都會讓人們覺得很搞笑。

所以你會有任何特殊的訊息想要告訴全世界嗎？

不要讓社會把你變成機器人。你有獨立自

2003年，羅伯茲戴了一頭假髮，以老婦人的裝扮於皇家亞斯各大賽（Royal Ascot）上裸奔。

主的權力及個性，成為任何你想要成為的人。

你覺得當世界知名的裸奔者感覺如何？

這說明了幽默感是世界共通的，能夠打破藩籬，跨越疆界。當我裸奔在最狂熱、兇暴的足球賽場邊，兩隊球迷企圖要幹掉對方的時候，如果有兩分鐘的時間，他們忘記了要幹掉彼此這件事，然後有志一同的笑了起來，這反映了不論你的文化或背景是什麼，共同的是我們都喜愛笑。

何謂「完美」的裸奔？有任何公式嗎？

完美的裸奔是要計畫周詳，在時間上掌握得完美，以及最後能夠完成自己的目標而不被警察逮捕。致勝的公式是要結合規劃、時機及正確的臨場表現。

你已經是一個很容易被辨識的人物，而且已被各大體育活動禁止進入，你是如何潛入球場內而不被警衛認出發現？

我是偽裝大師，我曾化裝成老人、農夫、女人……去年我在溫布頓大賽就化裝成一位有著貓王造型的希臘人，而且還加了一道疤痕。因為我已經在那裡裸奔過兩次了，所以他們到

處張貼了我的照片企圖懸賞我，但我還故意跟一位警察問路，而他們居然認不出我。

你的家人跟親友怎麼看待你的裸奔？

剛開始他們覺得我有點瘋狂，但經過這麼多年，他們已經懂得如何用趣味性的角度看待這件事。現在大家都接受馬克‧羅伯茲就是一位裸奔者。

到目前為止，你最成功的裸奔是哪一次？

我認為每一次都非常成功。個人偏愛包括溫布頓網球大賽、足球聯盟冠軍總決賽、歐洲足球協會總決賽……數不完的名單！在這些球賽中，超級盃是最大的（當然，香港首次的裸奔在我心中有特別的地位）。第三十八屆（2004）超級盃是全世界最多觀眾人數的單場運動比賽，那個場地有七萬個座位，超過十億人在觀賞。當時是英格蘭愛國者隊與卡羅來納的黑豹隊交鋒，可說是全世界最多人注目、最受到高度安全保護的運動比賽，這也是一次聖母峰級難度的裸奔，幾乎是完全難以戰勝的。

我拿到了入場券，位置還不錯，但是那裡仍然有一座七呎高的圍牆、三千架監視攝影機、二千名警察需要克服，於是我靈機一動，何不把自己裝扮成一名裁判員？我不能只穿著一件裁判員制服到會場，於是我另外穿上其他的衣服套在外面。在球場裡，安檢人員對每一個人都進行嚴密的搜身，結果當安檢人員翻開我的衣服看到裁判制服時，我便說：「這是我的保暖內衣」。我的臉開始滴著汗水，接著，讓我非常驚訝的是，那名警衛揮手讓我穿過，我進到會場了！

進到會場，有太多人擋在我前面，我的計畫有可能沒法實現。我從未如此緊張，尤其有一位安檢人員就直接站在我面前，擋住我的路線。我感覺到我快要爆炸開來，但我還是安靜的坐著，慢慢的開始解開我的魔鬼戰衣，再脫下襯衫露出裁判制服的上半身，戴上裁判帽。球隊正站在球場上，而足球則安置在踢球點上，踢球員走出來準備暖身，那時我祈禱：「只要那名安檢人員走開就好了。」接著，如有神助般，那名安檢人員突然走開了，於是我有了一個淨空的路線，我起身，穿在外面的褲子落下。我攀越圍牆，然後跳下，讓這場遊戲開始吧！我跑到中心點大約五秒鐘，沒人攔阻我，散播在場內大量的人群對我很有利。我仍穿著裁判制服，當我成功抵達中心點時，球員正準備踢球，我站在足球前面張開手臂，然後大聲吼叫：「哇喔！」球員滿臉困惑的互看對方，正當每個人都不知道哪裡出錯時，嘶地一聲，我快速脫下魔鬼戰衣——觀眾本來看到的裁判好像突然間被一位全身光溜溜、身上只用一只癟掉的足球遮住私處、背後還寫著「超級

大便」（Super Bowel）字樣的傢伙給替換了。我開始我獨特的方式向「河舞」（Riverdance，一種傳統的愛爾蘭舞蹈）致敬，在開始來段月球漫步之前，數百名安檢人員開始從球場的每一個角落湧進全速衝向我。我準備提起腳跟落跑時，結果立刻被愛國者隊的中後衛Matt Chatham給阻截壓倒到地上，接著我像囚犯一樣地綁起來，被警衛抬離球場時，我獲得了裸奔生涯以來最大的掌聲和歡呼聲。我做到了！

你和警察一直有著很有趣的關係，我想他們並不想看到你，但同時間他們又「高興」（還跟你要親筆簽名）的再次看到你的出現，對嗎？

　　我和警察的關係一向很好。那次超級盃我被帶到了警察局後，有警察要我在我的犯人檔案照片上簽名，有些則請我寫個字條送給他們的妻子。有一次在香港裸奔之後，有位警察很認真的問我，希望我能考慮加入警隊！另外一次在倫敦，裸奔完後我被帶到警察局接受偵訊，過程中那個警官一直笑個不停，最後，他說：「在我這麼多年的偵訊當中，這是我碰過最棒的一次。」

誰是你最喜愛的裸奔者？

　　我沒有喜愛的裸奔者，但我確實會被自己的演出逗得開懷大笑！

你覺得在查理王子婚禮上裸奔的傢伙表現如何？

　　他是個笨蛋，他試圖跟著女王的車子跑，那應該是一件很具娛樂效果的事情，但他卻並

沒有娛樂到大家。

你未來的計畫跟目標是什麼？

　　我不能洩漏未來的目標是哪一個，但終究我的目的總是想讓世界發笑。到目前為止，我想我已經完成了裸奔全球四分之三地區的成就，這表示我只剩下全球四分之一的地區還等待我去達成。

有任何你想超越的紀錄嗎？

　　沒有，我已經立下無人能打破的紀錄了。

除了裸奔，你還有什麼癖好？

　　我著迷於娛樂大眾，帶著微笑打破疆界，而且將歡笑帶到沉迷於戰爭的世界。　　■

Mark Roberts個人網站 www.thestreaker.org.uk

（左頁圖）2003年，羅伯茲在巴塞隆納的世界水中芭蕾大賽中，穿著一件粉紅色的芭蕾舞衣，在表演一段舞蹈後便跳進游泳池裡。（上圖）2002年，溫布頓網球賽（休伊特對納班迪恩）席上的觀眾都在為羅伯茲的「赤裸表演」報以笑聲。

我想啖妳的皮膚，像啖整顆杏仁。

——聶魯達〈情詩一百首・十一〉

性·王嘉菲

越界醜娃娃 變裝癖
——李寶瑞的

他把自己打扮成女人、孩子、貓科動物。
他在鏡子裡顧影自憐，有時如同小鳥不厭倦地整理羽毛，
如水仙花神一樣與自己鏡子中的影像交流。

文—愷蒂

Leigh
Bowery

李寶瑞（Leigh Bowery）高大偉碩，身高1米92，體重108公斤。李寶瑞不僅是大男人，而且是個粗男人，他身材肥胖，骨骼粗大，雙腿像是大樹幹，手指像小樹枝，然而他卻有一癖好，這就是愛穿女人的衣服，而且是那些極為纖弱溫柔極端女性化的衣服。對他來說，穿著打扮如同生命一樣重要，然而他的目的卻不為追求美麗高雅華貴，他要突出的偏偏是自己軀體的不完美處。對他來說，他巨大的身體是繪畫用的畫布，是雕塑用的石膏，是剪裁時裝的材料，他喜歡用膠布和束腰帶把身體多餘的肥肉擠壓成各種形狀，他的藝術是一個用布料、羽毛和各種顏色構成的虛幻的世界，具有一種無休止的狂歡節的情調。他說：「我的身體可以變換成各種不同形狀，這種能力給我一種勇氣和力量，變形之後的身體不會讓我覺得荒誕，而讓我覺得可以為所欲為，我要撩撥觀眾，刺激觀眾，娛樂觀眾。我喜歡其中的美感，那種矛盾所帶來的張力，還有某種可以同時是可怕的，英勇的，但又是窩囊無能的這種信念。」

有時他是穿著白色晚禮服胸部隆起的一個大花球；有時他是紅色半截日本和服下踮著腳尖嘴巴戴別針扣著粉色紙圈的芭蕾舞演員；有時他是頭上胸前長著羽毛的大鳥；他是無數種奇裝異服的載體。有時他上嘴唇是黑色，下嘴唇是紅色，眼圈是京劇臉譜樣的粉紅，頭上流淌下一道道寶藍色的顏料。他的穿著打扮永遠讓人驚奇，他總能玩出新花樣。他的作品充滿著極端的矛盾和衝突，向一切所謂「正常」的想法挑戰。

那個瘋狂的禁忌年代

李寶瑞1961年出生於澳大利亞，1980年他來到倫敦，一邊在麥當勞打工，一邊學習時裝設計。幾年後，他就成為倫敦俱樂部夜生活的偶像，大開後龐克（Post Punk）的「新浪漫派」的先鋒。這一派別與龐克相似，但是不像龐克那樣富有攻擊性，他們的時裝與大街上的流行色往往相反，他們在男女性別上沒有太大的分明，他們的行動舉止，更是一種時時刻刻不停的舞台表演。李寶瑞每天全心全意地去俱樂部跳舞喝酒，他的奇裝異服成了一種行為藝術，他也很快成為倫敦獨特的一景。

1985年，李寶瑞創立了他自己的俱樂部，似乎是存心與所謂「正常」作對，把俱樂部取名為「禁忌」（Taboo）。他與他的好朋友特羅伊（Trojan）一起，每天穿著稀奇古怪的服飾在那裡出入。有時他們穿著洋娃娃的睡衣，厚達數寸的高底靴，有時是蘇格蘭呢裙子下面露出滿是花邊的內褲（蘇格蘭男人穿裙子是以不穿內褲為準則的），有時是花枝招展的上衣，領子大得像大象的耳朵，還有各種顏色的網眼長筒襪，各種姿態，數不勝數。除了服裝之外，他還嗜好極端的舞台化裝、各種不同形狀的假髮和帽子，他有時臉上塗著白粉點綴著金點，有時讓各種顏料從頭頂順著額頭流下來，有時他在眼睛上裝上兩英寸長的白色假睫毛，有時把臉和頭畫成一個非常難看的醜娃娃。他的各種服飾，化妝以及頭飾的想像力讓人眼花撩亂。李寶瑞變成了一個能吃能睡能走動有生命的卡通人物，一個充滿想像力的兩維形象，在燒著大麻吸著白粉的世界中被吹成三維空間的立體人物。這是一種頹廢，是一種混亂，是八〇年代的倫敦，也是一種充滿著創造力的個性。「禁忌」很快成為當時倫敦最有名最酷的俱樂部，吸引著歌星、明星、時裝設計師、模特兒，許多人去「禁忌」，喝酒跳舞是次要，更主要的是要一睹李寶瑞每日不同、出人意料的風采。

BOWERFUL
A tribute to Leigh Bowery

PHOTO MATTHIEU DELUC

STYLE DELPHINE PAVY
MAKE-UP TATSU
STYLE ASSISTANT IRIS BÉRAUD
MODELS SASCHA AS LEIGH, CHLOÉ AS NICOLA
CASTING BRICE COMPAGNON
STUDIO LE PETIT OISEAU VA SORTIR
THANKS AÏ, GAELLE (STUDIO ASSISTANT)

然而，「禁忌」的瘋狂年代並不長久。特羅伊因吸毒過量而死，「禁忌」開張只有一年多，就被員警查封，李寶瑞在蘇豪區其他俱樂部中的表演也不斷受到員警的騷擾，常常被勒令停止，所以，李寶瑞就逐漸拉開了自己與俱樂部夜總會之間的距離。李寶瑞似乎長大了，他開始把精力更集中在音樂舞蹈以及行為藝術上。八〇年代後期，李寶瑞開始和後龐克芭蕾舞演員克拉克（Michael Clark）合作，一開始是為克拉克設計服裝，後來就成了克拉克舞台上必不可少的一部分。他根本沒有受過訓練的巨大肢體在舞台如夢幻般運動，扭曲出的各種不同形狀別具一格，獨出心裁，讓人或愛或恨，但總能耳目一新。如果說他過去在異裝和化裝上的癖好更多的是為了好玩為了驚世駭俗，那麼從與克拉克的合作開始，李寶瑞的形象就有了越來越多的藝術的象徵和追求。著名歌手喬治男孩（Boy George——曾在倫敦西區關於李寶瑞的音樂劇《禁忌》中出演李）曾說：「李非常有創造性，他也是很典型的怪癖之人，你總是覺得他的下一場表演不可能再有比上一次更離奇的服裝，但是他總是會出人意料。」

佛洛伊德的畫魂

李寶瑞真正進入倫敦藝術界的高雅殿堂是通過 Anthony d'Offay 畫廊的引見，這家畫廊以經營倫敦最現代的藝術而著稱，座落在倫敦最繁華最昂貴的新邦德大街上。1988年，李寶瑞在這裡進行行為藝術表演。每天兩個小時，他或立或坐或躺或蹲在一面單面大鏡子之後，觀眾可以看到他，他看到的只是鏡子和鏡子中的他自己。他穿戴著不同的服裝、面具和假髮，他把自己打扮成女人、孩子、貓科動物、藍色皮膚的印度教神靈等等。他在鏡子裡顧影自憐，有時如同小鳥不厭倦地整理羽毛，有時又像婦人在出席晚會之前精心打扮。他如水仙花神一樣與自己鏡子中的影像交流，觀眾則透過玻璃看他在照鏡子的自己，當時的藝術雜誌這樣

《WAD》雜誌2005年（23期）向李寶瑞致敬所做的一個時裝專題。

評論他的表演：「這是一種放慢速度的時裝表演，他有時在表演過程中崩潰，他爲自己設計的服裝越來越離奇古怪，全身上下有一種奇特的聯繫。」

有一位觀眾特別看著他出神，這人就是英國當代最偉大的畫家之一：盧西安‧佛洛伊德（Lucian Freud）。佛氏看了展覽後決定與李寶瑞見面，見面之後決定請李寶瑞做他的模特兒。佛氏看中的不是李寶瑞的奇裝異服或是他敢於驚世駭俗的藝術精神，而是李寶瑞碩大無比的身體。李寶瑞一向喜歡佛洛依德的畫，喜歡佛氏對人體毫不恭維毫不妥協的處理。他們兩人的關係，不只是簡單的畫家和模特兒之間的關係，也是兩個藝術家之間互相尊敬，互相欣賞的關係。佛氏說李寶瑞「形象偉碩但又非常謙遜，有驚人、明晰的頭腦和意識，以及非常適度禮貌的舉止。」李寶瑞從1988年一直到1994年去世，一直是佛洛伊德最常用的模特兒，是佛氏一些最傑出的畫作中的主角，佛洛伊德把他稱爲是自己的靈感。

爲佛氏當模特兒，一反李寶瑞平日喧囂熱鬧的自我。他沒有任何服飾、化裝和假髮，他是赤裸裸坐在佛氏空空蕩蕩的大畫室中的，沒有表演、沒有音樂、沒有舞蹈，他只有他自己，凝止不動的自己。有時一坐就是好幾個小時，連續許多天，但是他喜歡。李寶瑞說，整個畫室極爲安靜，這種極度的安靜給人一種超現實的感覺，他處於一雙最藝術的眼睛聚焦般的凝視和觀察之下，這種極度安靜和極度的注意力產生一種張力、一種動感、一種能量，讓

他覺得很自然，讓他覺得很放鬆。

有人說李寶瑞是幸運的，透過佛洛伊德，他終於與陽春白雪的高雅藝術建立了關係。但是也有人認爲佛洛依德的畫本身與高雅風馬牛不相及，他與李寶瑞是一路「醜」貨，高大光頭裸體的李寶瑞在佛氏畫筆下是個碩大無比的怪獸。有人這樣評論佛氏所作的李寶瑞畫像：「很顯然，現在，佛洛伊德畫筆下的裸體越來越殘酷，我建議那些希望在展覽館中看到古典人體肖像的年輕女孩、老年婦人以及那些神經比較脆弱的參觀者們在佛氏的這張裸體巨獸前不要停留過久，這張畫的唯一目的就是要反映巨大肥碩的肢體。」

他「產」下了妮可拉

在李寶瑞的生活中，還有一個重要人物，那就是他的助手妮可拉（Nicola Bateman）。妮可拉與李寶瑞認識時，她是一位藝術學院的學生，而他已經是「禁忌」的台柱。妮可拉立即被李的魅力所吸引。李用唇膏在紙上寫下他的電話，但是第二天她打電話去時，李寶瑞已經不記得她。但是他們還是成了好朋友，以後，她成爲他的助手。她幫他縫製衣服，他們也常常像姐妹二人，穿著打扮之後一起出去玩。他們從一個俱樂部到另一個俱樂部，像兩個夜遊神仙，他們從來不在某一個俱樂部中久留。對他們來說，穿著打扮好了，被別人看到了，這也就夠了。雖說李寶瑞是同性戀者，但是他們還是一度成爲情人。先是情人，然後才可以做朋友，這是李寶瑞的哲學。他們一起進行過許多表演，其中最著名的是李寶瑞在舞台上生出妮可拉，妮可拉全

身赤裸，用包帶倒掛在李寶瑞的胸前，如同嬰兒將從母腹中生出。「出生」時，妮可拉從包帶中滑落下來，如同新生嬰兒一樣，全身蓋滿粘糊糊紅兮兮的液體，肚子上一串香腸算是臍帶。李寶瑞驚呼尖叫，模仿一個真正生孩子的女人。有人說妮可拉是李寶瑞的心甘情願的奴隸，他們倆的關係是施虐受虐的典範。妮可拉有時在舞台上要吞吃李寶瑞的嘔吐物（其實是蔬菜湯），喝他的小便（其實是蘋果汁）。李寶瑞好猜疑，善嫉妒，喜歡惡作劇，有時她洗澡時，他會把一桶冰塊倒進她的浴缸中，或者把她裸體鎖在陽台上。1994年，李寶瑞向妮可拉求婚，她受寵若驚，也覺得很好玩，很值得懷疑。他們在倫敦東區婚姻登記處結婚，那天是5月13日，又是星期五，從西方

的迷信來說，這是最不吉利的一天。但是他們偏偏挑了那一天，要的就是與眾不同。對他們來說，與其說這是他們的婚禮，還不如說是他們的一次行動藝術。1994年12月31日，李寶瑞因愛滋併發症去世，死前他要妮可拉告訴公眾他去了新幾內亞。

李寶瑞的藝術屬於後先鋒、後現代、後龐克，是真正站在了最前衛的浪峰頂尖上。據說在一次晚會上，滾石樂隊主唱手 Mick Jagger 覺得李寶瑞跳舞跳得離他太近，就不客氣地說：「滾開，瘋了！」李寶瑞毫不客氣地還口道：「你滾開，化石！」他在搖滾樂一代的眼中是瘋子，搖滾樂在他的眼中是化石，這就是李寶瑞的藝術定位。李寶瑞屬於八〇年代，李寶瑞屬於倫敦，他不可能屬於另外一個年代或是另外一個城市。∎

本文作者為文字工作者

我想幫總統府採購藍山咖啡

花錢是一種需要不斷累積的教養。

文‧圖—許舜英

當我們開始具有品牌意識；當我們開始用場景的角度去思考飲食學；當我們開始覺得服裝事實上是一種外科手術；當我們開始發現頸子的長度才是決定你能不能穿Hussein Chalayan的關鍵因素；當我們開始為實驗某件衣服的某種穿法而起床；當我們開始因為想通了某件衣服的某種穿法而上床；當我們的自我發現和自我懷疑都具有造型上的考量因素；當別人的深灰都會低調優雅成為陳腔濫調之前，我們已搶先一步使民俗巴洛可嬉皮波西米亞招搖過市；當我們洞悉戀人就是一種具備服裝評論資格的觀看者的時候，也就是我們購物癖發作的時候。

·買任何東西的最佳數量是**五個**而不是四個。對雞蛋或南瓜派而言,這個道理均適用。

·從專業的角度來看,我最想成為政客的採購顧問。因為我關心當誰的採購顧問會更有影響力,這種影響力是為了產生示範作用,不是要示範你應該如何更流行,而是要示範一種現代性的觀點。**讓有影響力的人,示範某種生活態度、文化素養、品味教養,**如果我們的行政院長喜歡普魯斯特,如果我們的國防部長閱讀《*Wallpaper*》,如果我們的立法委員同時也是古董書修繕師,如果我們的教育部長是Rem Koolhaas的迷,這對我而言都是非常有意義而且重要的指標。

·對一個女人來說,手上最好的裝飾品不是Birkin Bag,而是一本以「福婁拜的包法利夫人」為研究專題的《中外文學》。

·相對於賺錢,我絕對是比較會花錢。

▲在網路上買的100%牙買加藍山咖啡豆

◀ 我設計的戒指

買一雙鞋除了是經濟的考量，更應該是quality的issue和taste的issue。花錢是一種需要不斷累積的教養，花錢完全反映出一個人的整體素質。

所以，懂得花錢之於現代消費社會，是非常重要的事。對於一個消費購物敏感的人，他的品味應該延伸到所有的面向。我對採購的慾望不是只有到米蘭血拼或到巴黎買珠寶，從日常生活到社會體系，從企業組織到國家政府，從挑選人才到設備到技術，從物理的消費到觀念的消費，都是我的購物慾展現的舞台。所以，我更想幫一個廣告公司採購另一個廣告公司，幫市政府採購路燈，幫銀行採購藝術品，幫機場採購空間設計，幫飯店採購經營概念，幫軍隊採購光纖導引飛彈防衛系統，幫勞工局採購祕書制服，幫國家採購模控認知空間心理學者，幫故宮採購茶水間的用品，其中一定要有藍山咖啡……

· 在某些人身上發現跟你一樣的想法是一種侵犯。在另一些人身上發現跟你一樣的想法是一種諂媚。

· 現代咒語是廣告口號、是趨勢分析、是雜誌封面故事、是義大利快鍋使用說明書（正確操作的話，它並不比一個神經纖細的編輯更容易爆炸）、是哈達瑜珈指導手冊、是除皺面霜成分分析表、是女總統候選人辦公室發表的公開聲明、是穴道按摩技巧的影印本。十大好書榜是眾口一爵的集體嗑藥狀態。

· 男人採購飛機場、外觀的質量問題與數量問題、二元對立、小鋼珠、第三代長島冰茶、認識論上的距離、我的婚姻很苦悶、我老婆都不太用功、類型電影。女人採購反諷、延遲第一次性關係、第四代長島冰茶（不一定自己喝）、語助詞、我的第六感、偏離主題、去中心。

· 習慣城市百貨公司及金屬刺激喜悅感的人，突然來到曠野之中，根本就無法散步，他習慣被囚禁及到影視店去租DVD。

· 睡前在床上閱讀Timothy Leary的渾沌雜誌還會讓我有幸福感嗎？秋天來臨時想吃松茸鴨肉鍋，冬天時想把浴室用暖風機烘乾，這樣的想法是否太古典了？我還想買一打Tombow木製可資源回收的刀削式2B鉛筆呢。

▲不同材質、size的Birkin bags。

◀香港最好的食材店BonBonBon買的頂級款冬花，可治咳嗽。

· 在網路社會，全球就是一本catalogue，所有tangible或virtual的物件都有它們的system，其結構有如「the order of things」，所以internet似乎讓我們進入了另一個格「物」致知的時代。

· 我完全不懂「伊能靜」，我也完全不懂「微型經濟理論」；但如果是「伊能靜與微型經濟理論」我好像完全懂了。

· 我絕對不碰的雜誌類型：運動雜誌，例如美國足球；或是軍事武器雜誌、木工製作雜誌。

· 「可愛」其實是一種工業，而不是風格，它應該是一種分類的系統而非修辭系統。

· 如果我們覺得在網路上的電子書店買書比在傳統書店買書更為方便，我們該擔心的就不會是傳統書店通路是否會沒落，而是我們的電子書店有沒有夠多夠好的書可以買。正如Eco所提倡的，現代文明是多媒體的集結，重點不是誰取代誰的問題，而是所有知識媒介及教育機制必須延伸到多媒體的思考及所有不同形式媒體（包括文字及視覺）都有內容上的improvement之必要。

· 我完全懂得如何買一件我不穿的衣服，而我完全不懂得如何質疑一件我不穿的衣服。

· 旅遊文學是有可能的，所以卡其布長裙及露趾蛇皮涼鞋也是有可能的，這種確定性的舒適及印度趣味如果加上深層結構的東方論調就不確定了。以這種方式觀看Dries Van Noten就產生了咖哩的風味，甚至某些殖民風味的另類療法。

· 香皂就像是一些組合極佳的字母，在空氣中釋放著形而上的效果，像一粒剝開的橘子。

· 或許你下次必須進醫院的時候，應該選擇巴黎的American Hospital，或許因為他們的病床及制服的設計，或許因為Yves Saint Laurent也曾住過那裡。更或許，如果你打算開一家診所，你應該用Andy Warhol的作品來形成醫院內的符號溝通系統。

▲我最喜歡的perfume都是由專業的香水師所調製。圖為Annick Goutal和S.M.Novella Di Firenze。

· 鼎泰豐最好吃的不是小籠湯包，而是酸菜肉絲麵。

· 當你開始意識到某些東西的魅力——比如湯麵食譜、藥草浴、橢圓形的指甲、銀色頭髮的小孩——而且打算偷偷享用時，過不了多久，可能就在秋天剛來的時候，你就會發現滿街銀色頭髮的小孩。

· 每次看到一個人就很想改造他／她。一種虛擬的變裝遊戲。

每次接觸一個機構就很想改變它present它自己的方式。

「dressing modern democracy」、
「fashioning the frame」、
「fashion as communication」，

愛麗絲為什麼總是穿得像發育不良的中學生？

· 在沙特對香煙的看法中，他認為「藝術性的創作，將享受加重爲兩倍。」當你把物品變成藝術品，或是當你經由物件的使用而把自己變成「作品」，這也就是把物件客觀化的內在品質變成某種個人主觀專屬的美學品質。

· 如果除了衛生棉，你還需要一座美術館，這是否是一種做爲一個倖存者過度奢侈的想法？

· 物我關係的慾望生態學變得非常的重要，因爲只要戀物不要戀人或許是最佳戀愛法則。

· 她有14種口味的低脂沙拉醬，她的冰箱裡卻連一根菜都沒有。

· 香煙、小說、行動電話、藥瓶、衛生棉、虛構的備忘錄，全都優美的躺在其中……收納的慾望及組織的潔癖，它對情緒區域的作用是一種零程度的潔淨感。

· 穿著以羽毛鑲邊的內衣是一種預期失身的心理狀態還是終極性的自我色情？

· 辦公室的光源應該像咖啡廳，咖啡廳的光源應該像辦公室。

· 全世界最能給我購物安全的地方是「嬰幼兒用品專賣店」，所以我只會用洗奶瓶的清潔劑和專用刷子清洗我的杯子。

· 高爾夫球証。捷運儲值卡。郵票。高級砂糖。紅色的碗。

Hello Kitty的睡衣。周杰倫和蔡依林的CD。需要維持生命的動物或植物。Giorgio Armani。超過1公斤容量的包裝米。手工色染衣服。水晶吊燈式的耳環。任何一種飼料。Mister Donut甜甜圈。樂透彩。我發誓以上物件我從來沒有買過。

· 穿絲襪的男人絕對不碰。 ■

本文作者爲意識形態廣告公司執行創意總監

▲ 我喜歡的書都是跨領域的

探險並不是在人之外在，而是一場內在的旅程。

——大衛・格雷森，英國Business Link Corporate University校長

心・連建興

天空啊,我中毒了!

嚴鋒的飛翔狂癖

父親給我買回來《少年航空模型製作》的那個下午,
就是我的萬癖之源。
那就是我發燒的原初場景,
一切都在這一刻被注定,
後來的道路只不過是展開和變奏而已。

文—嚴鋒

從小到大,我迷戀過很多東西。最早的奶嘴就不去說它了。八歲的時候迷上了製造飛機,當然是模型的。那時候,我隨被打倒的父親流放到他故鄉農村裡的一個小磚瓦廠,他的工作是鏟煤,生活非常艱難,可是省下來的一點點錢,都會到鎮上的新華書店去買書。那個年代的書絕大多數是政治掛帥的,非常乏味,但是一本叫作《少年航空模型製作》的兒童讀物卻讓我銘心刻骨,永生難忘。

燒得天昏地暗

想想看吧,在一個連飯都吃不大飽的時代,沒有電視,沒有芭比娃娃,沒有樂高積木,沒有變形金剛。一

個八歲的小孩突然看到了好多種飛機的圖紙，彈射滑翔機，牽引滑翔機，橡筋動力機，圖紙旁邊還有詳細的製作介紹，如何切割打磨裝配，你說這個小孩怎麼可能不癡迷呢？可憐我連猜帶蒙，把那書似懂非懂地看了一遍又一遍，等到差不多快翻爛了的時候，就下決心無論如何要造一只自己的飛機到天上去飛了。

雖然是造模型飛機，可是對窮孩子來說談何容易。好在父親所在的小磚瓦廠有個機修車間，地上可以很容易撿到鋸條和刀片，父親又帶我去電工師傅那裡討了磨砂皮和膠水。父親還給我提供了材料：家裡的床是用幾條木板拼起來的，父親就把最外面的一條木板拆下來，幫我初步地切割成大致的形狀。接下來的精細加工，可就是我自己的事啦。

三十多年過去了，至今我仍然清晰地記得造飛機時的每一道工序，每一個零件，每一次心跳。我把一根根竹絲放在煤油燈上烘烤，然後彎曲成機翼的形狀，沾上翼肋，糊上蒙皮。我曾經花了整整一個星期，用一把小刀把一根長方形的木料細細地刻成螺旋槳的形狀。眼看著粗糙的木料在自己的手中一點一點發生變化，眼看著圖紙和想像中的飛機慢慢地成形，那種成就感真是無與倫比。差不多有一年的時間，我把書上的所有飛機模型全部做了一遍。父親是反革命的待罪之身，我們住在一間黑呼呼既漏風又漏雨的草棚泥屋，可是當我們在燈下動手做模型飛機的時候，無邊的快樂就像水一樣地把我們浸透。

這就是所謂中毒的開始吧。從飛機出發，我陸續迷上了收音機製作，望遠鏡製作，長大以後又迷電子音樂、發燒音響、電腦遊戲，真是沉溺其中，不能自拔。有的時候簡直可以說是燒得昏天黑地，忘乎所以，被朋友和同行視為玩物喪志的超級大玩家。其中的甘苦，也只有在遇上真正同道之人的時候，才會

一吐爲快。現在我人生已經差不多是半途了，回頭審視檢點自己的發燒之道，突然悟到：父親給我買回來《少年航空模型製作》的那個下午，就是我的萬癖之源。那就是我發燒的原初場景，一切都在這一刻被注定，後來的道路只不過是展開和變奏而已。

這麼說吧，那天父親給我買的書是關於飛行的，於是我的癖好注定要去飛翔。後來父親平反了，補發了工資，也曾帶我去百貨店玩具櫃，可是我看著那些汽車，輪船，甚至是飛機，眞是一點興趣也沒有，因爲它們都只能在地上爬。而我自己做的飛機，無論多醜陋簡單，是眞正屬於天空的。曾經滄海難爲水啊。這是不是一種對現實環境的反彈呢？在那些流放的日子裡，父親與我煢煢孑立，形影相弔，我們眞的好像是小小的蝸牛，在地上艱難地爬行，那些簡陋的模型飛機，寄託的就是我們飛行的夢想，破壁的希望。

沉溺在遊戲的狂熱裡

很多年以後，我迷上了電腦遊戲。其時我已年屆三十，正在刻苦攻讀博士學位，竟然會沉迷於這等小兒的把戲，其中奧妙何在？一開始我是想用電腦來進行作曲實驗，我帶上一生的積蓄，坐火車南下廣州，在一個河邊的小巷子裡找到一家電腦商店，花一千五百塊錢買了一塊聲卡（當時我一個月的工資是一百元）。店裡有個很善相的中年胖子正在起勁地往電腦上裝什麼軟體，等我要離開的時候，那個軟體也正好裝完，開始運行，我的兩腳也就再也挪不動啦。屏幕上出現了無比壯麗的太空，鏡頭切入一隻巨大的飛船內部，兩個氣度非凡、衣著華貴、渾身長毛的貓臉外星生物正在談論人類的命運，顯然他們正與人類處在交戰狀態。兩個外星大老（我後來才知道那是基拉西皇帝和他的皇孫）談論人類的口氣很是不屑，可是說到一個叫「虎之心」的人類飛行員的時候，突然變作敬畏的語氣。可是他們突然又放心了，因爲根據情報，那個「虎之心」已經被愚蠢的人類軍方解除了職務。然後就是驚天動地的太空戰鬥，砲火連天，彈痕滿艙，通訊耳機中各種喧囂不斷，有上級的命令，僚機的警示，同伴的呼救，敵人的挑釁，更有雙方含恨死去的哀鳴。可憐我一輩子也沒見過這麼華美而又驚心動魄的場面，只有站在那兒發呆的分兒。

飛船？這可是飛機的升級版本！我有選擇嗎？我兒時的飛翔之夢就這麼又接著在電腦的虛擬世界裡做下去了，而且是以更加「成熟」，更加刺激，更加華麗的高科技形式。我的生活開始出現了如下模式：

聽說國外有一個新鮮熱辣的遊戲出爐了。

不顧一切地搞到這個遊戲。

玩這個遊戲。

再玩這個遊戲，或

尋找新的遊戲。

好玩的遊戲總會一代一代地做下去，那麼我們
也會一代一代地玩下去。就拿「銀河飛將」來說，一代比
一代精彩。渴盼下一代「銀河飛將」的出現，已經變成了我生活
中的一個重大的期待。我還清楚記得當年得知一個朋友從香港帶回來
「銀河飛將 3」時的狂喜心情。我從第一天晚上玩起，一直玩到第三天的下午，
終於單槍匹馬戰勝了強大的基拉西帝國。我萬分不捨地從遊戲裡出來，兩腿鬆軟地
走出宿舍門，心還留在那遙遠的外太空。我兩眼模糊而又漠然地朝四周看看，感覺
周圍的一切竟是如此陌生，連太陽的顏色也和以前大不一般。這也難怪，剛剛從浩
瀚的銀河和遙遠的未來拯救人類歸來，對身邊卑瑣庸鄙的芸芸眾生，當然不會覺得
有趣。

微弱的電波，強烈的渴望

再回到從前。自製收音機也是一種飛翔的企圖，而且也是一種更大的企圖，不
過這回乘的是無形的電波，想要穿越的是更遙遠的距離了。事情是從有個同學給我
看一本《礦石收音機》開始的，裡面講到中藥店裡買一種叫做「自然銅」的藥材，
用一根細針頂住，一頭接一根天線，另一頭接耳機，就可以聽到遠方電台的廣播。
天下竟有這等神奇之事？天線在鐵叉子上繞兩圈就可以了。「自然銅」用幾塊水果

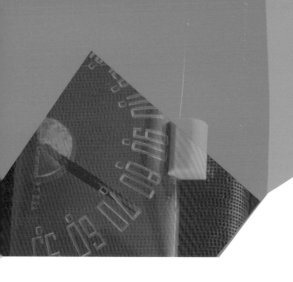

糖的價錢就可以買到。困難的是耳機，我們那個偏僻的鄉下哪裡有呀？好不容易打聽到有個同學有一只破了的舊耳機，我毫不猶豫地把自己所有的寶貝都掏出來，終於把它換回來。我的第一只礦石機不太成功，聲音輕得像蚊子一樣，可是我第一次聽到的時候，還是激動得渾身發抖：這是從天上傳過來的聲音啊。其實即使是用今天的眼光來看，當年的礦石機的聲音也是極端HIFI的，因爲不用電源，沒有放大，失眞度比今天最高級的音響都要小。

過兩年，我父親平反恢復名譽，我家回到城裡，經濟條件有所好轉，我陸續添置了萬用電表，電烙鐵，和各種電子元器件。我從單管來複再生機，雙管機，一直做到七管超外差收音機，那個階段我整個人生所追求的目標是：怎樣把聲音弄得更響。

成年以後，迷上音樂的同時，我可以說毫無懸念地迷上了HIFI音響。我也結識了一些音響發燒友，非常驚奇地發現這些發燒友幾乎毫無例外都是小時候從「礦石機」起步，然後是單管機，雙管機一路做上來，最後陷入HIFI的泥潭。我們這些人，只要一說起「2AP9」、「嘯叫」、「推挽輸出」這些古舊的術語，就會呼吸變粗，眼睛閃閃發亮，彷彿是對上了黑社會裡的江湖切口，終於找到了失散多年的同志。按理說HIFI是全世界共有的熱潮，比如大名鼎鼎的李歐梵先生就是一位發燒友。但是我們中國大陸的HIFI客都有如此共同的前HIFI的土燒（即D.I.Y.）經驗，這就是普遍性中的特殊性了。或者說，可不可以算是全球化中的地區性差異？我們當年迷戀礦石機，正是精神和物質都極度貧瘠的年代，很多地方都像極了中世紀。可就在那種閉關鎖國的形勢下，一群群的孩子，用他們省下來的硬幣，捧回來一塊塊的「礦石」，在晾衣服的架子上裝起天線，癡迷地捕捉著來自天空的一波波微弱的信息。你也可以說這是貪玩，也可以說這是HIFI的萌芽，也可以說這是知識探究的本能，但我更願意說那是一種對飛翔的永恆的渴望。

向永無止境的邊界飛翔

繼續回到從前。如果說礦石機是聲音的飛行的話，望遠鏡算不算眼睛的飛行？最早的時候，我用馬糞紙捲在家裡的桿麵杖上面，塗上自製的膠水，外面再貼上幾層白紙，內壁用墨汁塗黑，這就是鏡筒了。鏡筒的前端

嵌上一個兩百度的老花鏡片，算是物鏡。後面再套一隻小一點的「胃舒平」（編註：胃藥名稱）的圓盒子，裝上一隻焦距1厘米的目鏡（該目鏡是揚州某軍工廠的一個工人慷慨送給我的，原用於國產坦克潛望鏡），一支五十倍的天文望遠鏡就做成了。

　　望遠鏡這樣的東西，有了一支就會想要第二支，有了小的就會想要大的。我很快就對鏡中的圖像不滿足了。要看得更遠、更亮、更清楚，就需要更大的口徑，更好的消色差功能。我從小到現在，自己製作和購買的望遠鏡，加起來要超過十支，其中Megrez102短焦折射鏡是前年趁開會之機，從台灣扛回大陸的。中國業餘天文學界自製望遠鏡的人當中，最大口徑（50厘米）的紀錄保持者是北京一位叫佟連榮的老先生，六十多歲的退休工人，月收入僅一千多元。老先生煙酒不沾，所有的錢都用來做望遠鏡。他的50厘米望遠鏡重600公斤，光是鏡片就手工磨了一年多，用掉10公斤的金剛砂。佟先生自費在京南永定河廢棄河道旁租了一塊地，搭建了一個簡易觀測室，好不容易為自己的巨炮找了一個安身的地方。卻不料當地修建高爾夫球場，連招呼都沒有和他打一聲，就把他的觀測室推平了。

　　小時候看過一部名叫《天地一沙鷗》的小說，講一隻海鷗，特別熱愛飛行，一天到晚在思考和練習怎樣才能飛得更高、更快、更遠。牠對飛行太入迷了，以至於對覓食和休息失去了興趣，周圍其他海鷗都嘲笑和鄙視牠，甚至把牠逐出了鷗群。這本書在當年是作為反面教材和批判材料出版的，因為「鼓吹了資產階級反動的個人主義」。不過，我估計當時的讀者一定是從反面的反面來讀它。就我個人而言，讀這本書是一種絕對的震撼，我真是太喜歡那只又可憐又驕傲的小海鷗了。牠瘦得皮包骨頭，可是飛行的技巧越來越高，速度越來越快，最後快得猶如閃電一般，可以隨心所欲地飛到他想去的任何地方。

　　這可真有點像我和我的那些志同道合的朋友們：我們的音響越來越HIFI，我們的3D卡速度越來越快，我們的望遠鏡口徑越來越大，我們的錢包越來越乾癟。海鷗岳納珊就是我，就是我的發燒友們嗎？我們會像岳納珊那樣，飛出自由，飛入永恆嗎？我只知道，這答案將永遠命中注定了要和我們一道去飛翔。　　■

本文作者為復旦大學副教授

愛蓮說

柯基生的金蓮癖

柯基生浸淫小腳世界至今三十二年，蒐集了數千雙蓮鞋，以及難以計數的相關飾品、器物與大量史料，可說是舉世纏足研究與收藏的第一人。

他的名片上印的是廣川醫院院長。但在搜尋引擎打進「柯基生」這三個字，你會發現「三寸金蓮專家」才是他更顯赫的頭銜。

採訪整理──蔡佳珊　攝影──蔡玉揚

我認為我的腦子，絕對跟人家不一樣。我的腦子裡面關於金蓮鞋的故事，有好幾百萬字。

我很小的時候就感覺到這個世界充滿了虛假，無法取得事情的真相。於是我在十歲的時候就鑽進古典文學和中國歷史的世界裡，老早就把四大奇書全部讀完了，我覺得那比看連續劇還有趣。從小到大，我對人情世故的許多了解和經驗，都是從歷史裡面得到的。

但是後來我發現，在歷史中也有些地方沒有真相，所以我去幫歷史尋找真相。這個真相就是我今天所尋找的問題──纏足。

一頭栽進桃花源

小時候偶爾會看到一些纏足的老人家，一些古典文學或史書裡頭也會談到，但是資料非常非常少。於是我發現纏足這件事在歷史之中是很曖昧的，是一種禁忌。這讓我更加好奇，就一頭栽了進去，瘋狂地找尋相關文獻。因為這個主題充滿爭議，沒有什麼圖書館針對這個議題做資料收藏，所以我必須要自力更生。

我這個人嚴格說起來，其實就只有「叛逆」兩個字。也許有「癖」的人就是從小叛逆。我從小就只看禁書，包括政治學、社會學、風俗學、性學各方面，而且我也知道我不能告訴人家，這些書都藏在床的角落裡面。我是禁書堆裡面養出來的異形。

第一雙金蓮鞋，是在我高中十八歲的時候買的。那時候光華商場已經開始賣骨董，我看到那雙金蓮鞋，標價六百塊。看了兩、三個月，我終於存夠了錢，鼓足了勇氣，買下那雙鞋。三十幾年了，現在想起那情景，感覺還是非常鮮明。

如果沒有充分了解纏足，根本無法了解一千年來東亞女性真實的追求。

為了研究纏足，我可以說是焚膏繼晷。往往一得到一個新消息，我就立刻行動。有一次朋友告知在雲南發現一個還有纏足婦女的偏僻小村落，已經核准我們去訪問。我接到電話後就只有一句話：「我明天會在昆明機場出現。」就這麼簡單。我也曾經拜託鹿港的撿骨師幫我留意小腳女人的遺骨，鹿港是過去全台灣纏足風氣最盛、腳也纏得最小的地方。有天他跟我說：「今天找到了。」我立刻就跟他說：「今天晚上十一點，我會趕到。」一般人應該不會三更半夜，跑到人家裡去看這種東西。

整個追尋的過程中，我覺得最震撼的就是，在這一路上，我常常以為已經擁有最寶貴的了，但是往往過些時候又有更大的震撼和感動到來，讓我的視野擴大好幾倍。每一個事件都是革命性的。例如，有一天我發現，原來每個地方的纏足形式竟然是不一樣的！閩台式、山東式、陝甘式、雲南式……各地的纏足形式會和當地的生活習慣交相影響，如果把中國三百個地方的纏足形式整理出來，就是另一門人文地理學！這些學問都是最原始的，每個發現都足以成為一篇博士論文。這種無可限量的價值，令我感到非常幸福，非常滿足。

那些曾經輝煌的阿嬤們

我從來不想去估計這些鞋子的價值，它們所組構出來的故事是無價的。這些鞋子充滿了我一生的記憶，比如說一個老阿嬤脫下來送給我的破爛鞋子，充滿血淚的故事，對我來說反而是最有價值的。

我曾經跑大陸跑了十幾次，做過一百多個纏足婦女的田野調查，很多資料都是第一手得來。她們平均都

八、九十歲了。有時我覺得我好像掃把星，剛訪問過的對象，經常在不久之後就去世了。

那些女人都曾經是大家閨秀，但以其今天的經濟狀況，經常連要維持基本開銷都左支右絀。比方說，因為行動不便加上年事已高，最起碼必須要有個人來服侍，讓她不必到處拋頭露面。但她們有時卻連一條完整的裹腳布都不可得。

在福建省福州市附近的黃歧村，我到過一個很昏暗、只有五燭光的燈的小房間。那個女人，好像一輩子都廝守在那樣的一個房間裡面。我見到她的裹腳布，是從過去用爛的裹腳布剪下還堪用的部分，一片片拼起，總共接了八段才夠長。她的鞋子也已經破破爛爛。我也曾經看過一個細皮嫩肉的尊貴阿嬤，膝蓋卻長滿了繭。她的晚輩跟我說，因為站起身來太過費力，所以只要是短距離的行進，她都是用爬的。

一般人都以異樣眼光看待纏足，認為那是一種民族恥辱，是落伍的、封建的、兩性不平權的、殘忍的。但曾經纏足的意象是優雅的、高貴的、富裕的、奢華的。一位阿嬤回憶，當年她丈夫背著她去看戲，她的小腳懸在後面晃盪。當時大家都背著老婆來看戲，於是一場「比腳」就在台下較起勁來。小腳曾經是一種光榮的象徵，纏足曾經是一段輝煌的年代。即便今天物質非常充裕，但是有誰能在鞋子上面繡花？任何人都負擔不起。

今天我們一概認為纏足不好，但只在一百年前，人們的想像完全相反。當時人們認為只有家境差的、野蠻的、沒有修養的、乞丐階級的人，才沒有纏足。這種古今觀念的落差不是纏足造成的，是中國人自己全部的價值觀崩毀的結果。這個原罪不在於那些纏足的女人，而是這個沒有民族自信的國家。我們讓那些曾經榮耀的纏足老祖母蒙羞。

並不是說要發揚、復興或光華再現，但起碼要為纏足這件事「平反」。

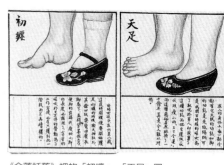

《金蓮話舊》裡的「初纏」、「天足」圖

撼動漢學基礎的發現

如果沒有充分了解纏足，根本無法了解一千年來東亞女性真實的追求，無法了解一千年來的婦女生活的根基在哪裡？研究纏足是了解她們唯一的鑰匙，那是當時封建社會的女性唯一堅持的事情。今天的女人努力地在讀書考試，而那個時代的女人，是努力在纏小腳來得到更好的評價。

我必須強調，將纏足視為對女性的壓迫束縛的這種觀念，阻礙了大家更深入去了解這件事。於是這段歷史被關掉了。我認為自己是努力在補足人類史上很重要的一段故事。過去的歷史是男人的歷史，真正在女人世界的故事，是空白的。今天我很僥倖地捕捉到女人最隱密的那段生活，所以我更有義務來把這些故事呈現出來。

過去大家只注意到纏足跟服飾、女權有關，但是在我擴充之後，我發現纏足是幾乎完全被掩蓋掉的、非常大的一套學問。比如說，纏足和中國的經濟活動有關，這一千年來的經濟靠的是絲路，這表

示我們一直在出口物品，這些東西的生產者主要就是因纏足而終日在家工作的那些女人。整個國家的生產變成類似家庭手工的形式，不需要工廠，而是一個個穩定的家族。

又比如說纏足跟兩性關係。在那個時代，纏足變成了一種第二性徵，一種性別教育。包括「男主外，女主內」這種男女角色的定位，以及複雜龐大的中國式家族模式，甚或是對於性行為的解釋，纏足在其中都至關重大（在我看來，這一千年來的性行為，根本和我們今天所認知的性行為完全是兩回事）。

纏足甚至和民族擴張有關。理論上像中國這樣強大的民族應該會積極向外侵略，但為何這一千年來並未如此？無法帶女人去遠征是一個原因。這回時還牽涉到戶籍制度的形成，家裡永遠有一個小腳女人在等待，所以男人不管遠征到哪裡總有一天要乖乖地回家。另外一套完全不同的民族遷移形式生成了，甚至連民族性都改變了。事實上，中國人能大肆遷移到世界各地的只有廣東人，因為他們纏足的比例最少。

這是結構性的、天翻地覆的一個新發現。纏足影響了教育，教育又牽涉到家庭民族、生活習性、社會風俗、政治經濟，構成一個複雜的共同體。我認為纏足這件事情的研究足以讓整個「漢學」產生基礎性的改變，進而全盤重新詮釋。

為蓮癖執迷不悔

我從來沒想到有一天我會變成一個小腳研究專家。老實說，我從來不敢相信有一天我的小腳研究可以讓人家知道。我所進入的世界，真的是前無古人，就好像那晉武陵人發現的桃花源。我一直沉浸在這個屬於自己的桃花源裡面，馳騁其中非常快樂。只是我從沒想到：這個桃花源有那麼大！走進來以後，發現好像永遠都走不完。

我不曾對這個社會有太多期待，我本來就是海闊天空、獨往獨來。最擔心的是自己突然出意外，腦子裡的東西就此永遠消失。就像武陵人出來以後桃花源從此就關住了，再也沒人能進去。下一次你再順著河流走去，怎麼樣再也走不到那個地方，只留下〈桃花源記〉那篇文章。所以我非常努力地做筆記，怕時不我與。我擔心可能我窮我畢生無法把這些事情講清楚，無法盡到一點點的責任。我有一種使命感，並不是說要發揚、復興或光華再現，但起碼要為纏足這件事「平反」，讓大家以最基本的平和態度去認知這件事對中華文化的影響。

讓我覺得最困難的，是時間不夠。隨著相關史料越來越多，我發現我所不知道的也越來越多。每天我都想多抽出時間來做這些研究，但是沒有辦法。也很希望辭去醫生的正職，全心投入研究，但經濟上的支持仍然是必須的。

但我從沒想過放棄。我在這裡找到我人生存在的價值，這個價值甚至比我當一個醫生的價值還大。人家看我像是癡狂，但其實我覺得自己純粹只是執著的方向跟一般人不一樣而已。我對纏足研究的熱愛始終非常強烈，只是慢慢從感性變成理性，逐漸步向學術化。我想，這可能也可以是所有有「癖」的人的昇華路線吧。　　　　　　　　　　▨

「我一點也不喜歡牠的模樣，
不過如果牠願意的話，
可以吻我的手。」國王說。
——《愛麗絲夢遊仙境》

我‧Carrie Chau

Damn Bored Drawing. Chau 05/15/

環球旅行癖
——佛塞特的大冒險

因為對於世界旅行的癡迷，
藉著不同的交通工具，
一周又一周地環遊世界，
每一周其實都是對世界的征服，
也是向世界最虔誠的朝聖頂禮，
這正是他的癖癮所在。

文—褚士瑩

對於富豪的旅行，世人似乎給與很少的敬意，總覺得無論是什麼壯舉，上太空也好，單人飛機環遊世界也好，旅行的意義最後都歸結到一個感慨性的結論：「果然是有錢人！」

所以要談佛塞特（Steve Fossett），如果只是談他用熱氣球來環遊世界，的確沒什麼好說的，為了想要知道熱氣球值多少錢，我還特地問了專門製造熱氣球的英國公司卡麥隆（Cameron Balloons），他們給我一個詳細的估價單，巨細靡遺地連算下來，最普通的三到四人座的N90型熱氣球，大約要24,000英鎊，英國名校的大學畢業生整年的薪水也不過如此，而且這還不包括導航員、工作組員、飛行訓練、燃料、保險和飛行器每年例行的安全檢查，而且幾乎十層樓高的熱氣球本身（envelope），壽命也很有限，平均只能飛五百到六百小時就必須淘汰。說是富豪的大玩具嘛，隨便一輛Audi賽車就不只這個數目，說是平民化嘛，又不是一般衝浪或滑雪的人玩得起的。

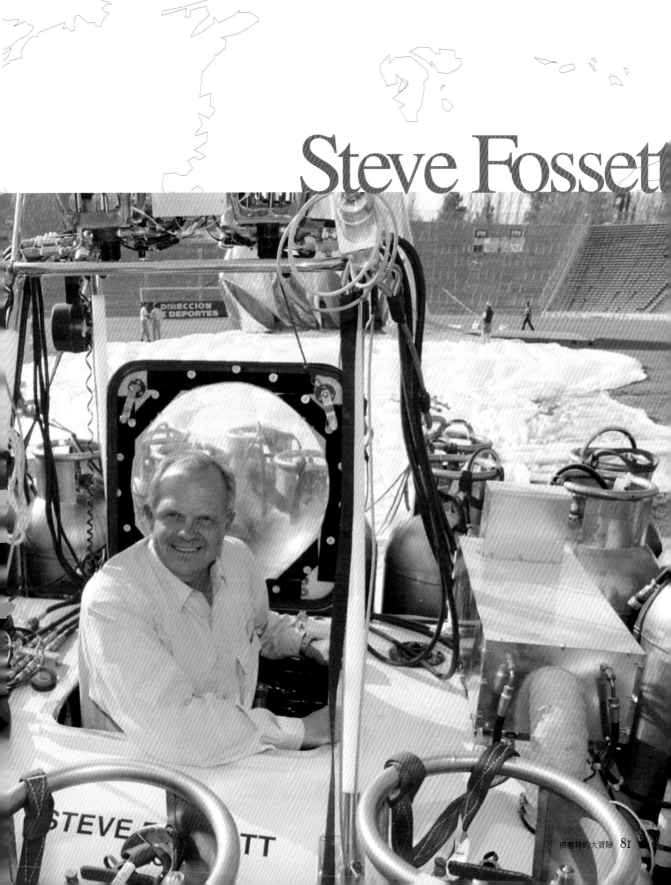

Steve Fossett

第六次的嘗試

　老實說，熱氣球對富豪而言，實在是一種很尷尬的嗜好啊！

　《侏儸紀公園》第三集裡，恐龍不就是William H. Macy飾演的富翁在一個叫做Isla Sorna的熱帶島上育種出來的，鬧到不可收拾的嗎？比較起來，熱氣球環遊世界真是顯得很寒酸哪！

　其實嘗試著以「人」為出發點去了解佛塞特，應該是比較公平的。他的熱氣球飛行夢並非一帆風順，醫生警告以他的年紀和體能狀況所冒的生命危險不說，萬一熱氣球迫降在大海中央，就算全程有自動導航還有衛星監控，等救兵抵達的時候，也很有可能來不及救援。他之前五次的嘗試都失敗了，因為高海拔地區氧氣供給的問題，因為氣候的問題，因為風向改變的問題等等，對於一個在事業與人生各方面幾乎沒有遇到挫折的人來說，這樣在眾目睽睽下一次又一次失敗，應該是足以讓他打退堂鼓了罷！但是佛塞特就是要這樣繼續堅持下去，不斷改進路線、改進儀器、改進策略，終於在第六次的嘗試時，帶著三十天份的氧氣、食物和燃料，這一次終於成功了。

　這是2002年6月的事。

　在飛行的兩個星期過程中，持續的失溫，缺乏睡眠（他自稱那三個禮拜中最長沒有睡超過四個小時）。點火器一度結凍無法起火，甚至為了煞車而超低空飛行，讓座位底部幾乎可以碰到樹梢，任何一個不小心，後果都是不可收拾的。而且不只是大自然的挑戰，還有飛越國土領空的許可，國際公海的許可，航線偏斜的後果，可能不單單是任務失敗，甚至有可能遭到較不友善的國家一彈擊落。如果只是為了贏得媒體的注意力（美國百威淡啤酒是他這次活動的贊助廠商），或是為了創造世界紀錄，大可以不需要冒著這樣的險，可是他選擇單獨完成這項挑戰，飛行了幾乎22,000英哩，破了自己先前保持的紀錄，成為世界上單人熱氣球飛行距離最遠的人，也是待在熱氣球上有史以來最長時間的人。

Spirit of Freedom

　熱氣球從1783年升空以來，花了兩百多年，才有人完成環遊世界的紀錄，為了確認環遊世界一周，熱氣球必須保持在固定的緯度。在佛塞特完成紀錄的三年之前，唯一用熱氣球環遊世界成功的，是兩人組皮卡（Bertrand Piccard）和瓊斯（Brian Jones），當時他們兩人從瑞士的阿爾卑斯山出發，將近二十天之後在埃及降落。佛塞特從南半球的澳洲西部出發，因為離赤道比較遠，所以這次環繞地球一周的距離，並沒有破先前二人組的紀錄，這是否說將來有朝一日，佛塞特還要捲土重來，再度乘著自由精神號（Spirit of Freedom），刷新他自己保

持的單人熱氣球最遠距離紀錄呢？誰也不知道，但是可以確定的是，他的下一個計畫，將要架著滑翔翼駛過對流層，到空氣稀薄的同溫層（stratosphere）去！

　　有人說佛塞特成功的這一次，補給充足到可以環遊世界不只一圈、而是兩圈，而且還可以多晃好幾天。但是他說最難忍的，並不是技術的問題，而是一個人在高空飛行的孤單和寂寞，雖然可以通過無線電，跟衛星另一頭遠在美國聖路易的管制中心通話，有時候也可以接收當地電波聽點收音機什麼的。但是這與真人的接觸還是完全不同，因為在極度疲倦中容易無意識犯下致命的錯誤，操作的過程也沒有另外一個人可以幫忙複檢，不斷接收的航空資料也沒有人可以代為解讀。雖然地面上有個包括網站負責人還有媒體聯絡人在內的八人工作小組，但是真的在高空中面對一切的，還是只有佛塞特自己一個人，所有的成敗，也都只能由他一個人承擔，原來古人所謂的「高處不勝寒」，還不只是一種暗喻，而是活生生的現實。

熱氣與運氣

　　破紀錄本身或許也不是最難的，因為當他繞了地球一圈回到出發的澳洲西部時，無論佛塞特多麼歸心似箭，氣候及風速並不允許他降落，結果在熱氣球上又繼續多待了一天，並且繼續向著澳洲險惡的荒漠飛去。就

在決定使用氣球和駕駛籃分離的方式迫降時，卻發現控制鈕故障，所以當他在強風下拖著巨大的氣球勉強降落時，很有可能被風拉扯到任何地方去。如果真的發生的話，就會像應驗英國小說家伊恩・麥克尤恩（Ian McEwan）1998年底出版的電影小說《愛無可忍》（Enduring Love）的情節般，從天而降的熱氣球，因為強風無法降落，幾個素未謀面的平凡人，各自放下手邊的祕密，奔往拯救熱氣球上的受困者，結果卻仍然以悲劇收場。故事就從這些目睹慘劇的陌生人開始，每個人都花許多的時間，在想著人性的弱點——究竟是誰第一個鬆手，讓這或許原本就不可避免的悲劇，變得絕對無可挽回？

雖然小說中的悲劇沒有在佛塞特這次的熱氣球壯舉中發生，但是在無法降落的那一天多的時間裡，已經破了紀錄的他，不曉得當時的心理，是充滿死也不足爲惜的滿足感？還是成功後卻被迫立即面對著死亡的可能，因而有那麼一絲絲懊悔？雖然我們可能永遠不會知道這個答案，但是我覺得最傳神的，應該是如後來將《愛無可忍》這部小說改編成電影的導演羅傑・密契爾（Roger Michell）爲這個虛構的故事下的注解：這一切都是因爲「科學，癡迷，悲劇，和愛。」

一切從癡迷開始

佛塞特因爲對於科學的理解，相信自己可以藉著財富，訂做最高級的卡麥隆發明Roziere熱氣球，裝備最精密的儀器，經過最正確的計算，到達前人所無法達到的境地，在這一層面來說，他一次次以自己的生命下注，是作爲一個科學信奉者的見證人。

因爲對於世界旅行的癡迷，癡迷到了想要藉著不同的交通工具，用帆船、飛機、熱氣球，一周又一周地環遊世界的地步，每一周其實都是對世界的征服，也是向世界最虔誠的朝聖頂禮，這正是他的癖癮所在。

在每一次的行動中，因爲成功是不可預期的，相對

的，悲劇的可能也不可避免，從向死神挑戰，與命運搏鬥的過程當中，得到即使贏得了全世界的財富，也沒有辦法取代的滿足感，冒險成癮，或許對他而言，這是任何最刺激的性經驗也無法給予的巨大高潮。

因爲對於愛的渴求，佛塞特用自己的財富，去換取世人注意的眼光，希望自己的成功被愛戴，即使失敗了，也希望能夠因爲自己的悲劇而被憐憫同情。對愛的需求如此殷切，有如大家庭中，爲了能夠得到忙碌的父母親多一些的關愛，不惜鋌而走險的陰鬱少年，只是在這個家庭裡，其他和佛塞特爭奪著愛的，是像英國維京集團總裁理查・布蘭森（Richard Branson）這些億萬富翁，他們同時各擁有班底，挑戰同樣的冒險行動，他們都以爲，第一個成功的人，就會得到最多的愛。

究竟事實是如何呢？我們都只能猜測而已。

佛塞特不斷以不同的形式、工具、方法，甘願冒著生命危險，用航海、飛行器、滑翔翼，當然還有熱氣球，去不同的地方，不斷地創紀錄，其中包括攀登世界七座最高峰中的六座，唯一沒有嘗試的，就是喜瑪拉雅山的艾佛勒斯峰。就在1996年他的熱氣球嘗試失敗，準備1997年再度升空時，他接受美國公共電視台（PBS）的訪問，其中問到他爲什麼不挑戰喜瑪拉雅山，這樣就可

以寫下攀登世界七座最高峰的紀錄，卻選擇寧可半途而廢，開始以熱氣球作為新的挑戰，原因是：「攀登喜瑪拉雅山太危險了。」

「難道單人熱氣球環遊世界就比較不危險嗎？」記者反問。

「並沒有，只是我最後決定爬山不適合我。」

那什麼才適合？2005年3月3日，六十歲的他花了六十七個鐘頭，飛了23,000英里，再次成為世界上第一個單人駕駛飛機環遊世界一周，中間沒有降落或加油的世界紀錄保持人。

英雄惜英雄

他這次的運氣，跟熱氣球比較起來要好得多，第一次嘗試就成功。有趣的是，贊助佛塞特這次冒險的維京航空公司（Virgin Atlantic），老闆就是當年跟他一起競爭著熱氣球環繞世界一周世界紀錄的布蘭森。但是這一回當佛塞特打算破單機環遊世界紀錄的時候，他卻很大方地當起這個昔日對手的贊助廠商，還特地為他打造了這架GlobalFlyer號。當佛塞特降落步出機艙的時候，布蘭森從佛塞特手上接過一瓶香檳，用力地搖了幾下，在所有媒體面前潑灑在這個新世界紀錄保持人的頭上作為慶祝。佛塞特也拿起剩下一半的香檳，對著瓶口仰頭就喝。這一天，兩個世界上最固執的富豪探險家，以老朋友相稱，好像是再自然不過的事。

說到惺惺相惜，我很好奇對於像佛塞特或是布蘭森這樣被許多人當成英雄稱頌的人來說，他們心目中，是不是也有自己的英雄人物？那是蜘蛛人還是鹹蛋超人？據說，佛塞特最崇拜來自挪威的諾貝爾和平獎得主挪威·南森（Fridtjof Nansen）。南森生於1861年，卒於1930年，我想佛塞特對於他的崇敬，應該主要不在於南森的科學成就，也不在於人道關懷（南森開始了所謂的Nansen Passport難民護照），而是同樣身為探險家的惺惺相惜。實際上，南森曾經是最早帶著隊伍到北極的探險家之一，當記者問到為什麼他特別崇拜南森，他的回答是：

「因為他從來沒有犧牲任何一個人員，而且晚年還得到了諾貝爾獎。」

有人說佛塞特在熱氣球上的隨身物品，包括了托爾斯泰的《戰爭與和平》，但是當媒體向他確認時，他卻鄭重否認，而且還說反正就算帶了書，他也都忙到沒有時間看。

有趣。一個人孤單坐在熱氣球上，與世隔絕環遊世界十四天十九個小時又五十一分鐘，卻連一分鐘也沒有時間看書的人，腦子裡都在想些什麼，骨子裡又到底是個怎麼樣個性的人呢？我不禁真的好奇起來。 ∎

本文作者為作家

荒野蛇癡
林青峰

林青峰，朋友都叫他阿峰。從小就喜歡大自然，對野生動物的觀察經驗讓專家也佩服不已。爲了去除大眾對蛇的恐懼，他曾經在五坪大小的空間裡和五十條毒蛇共處三天，轟動一時。無論是不願下山的野小子、冷氣維修工人還是現在的動物園研究助理，蛇始終是他的最愛，生態觀察是他永遠的生活重心。

文—藍嘉俊
攝影—蔡志揚

逃——這大概是一般人遇到蛇的反應，但阿峰正好相反。他看到的不是致命的毒液，而是致命的吸引力。

與蛇共眠

眼前這個單眼皮、膚色黝黑的男子，來自陽光燦爛的屏東萬丹，住所四周全是綠油油的一片，除了飛蟲走獸，無其他鄰居。阿峰並沒有辜負上天的安排，從小，他就愛與野生動物打交道。雖然很早就開始在野外晃蕩了，但家人仍頻頻告誡，不可以靠近蛇。蛇是不好的動物，大家都這麼說，但叛逆又好奇的阿峰偏不信邪，越被阻止他就越想去了解。

他確實在稻田附近好好觀察了一番，發覺蛇爬行的姿態實在優美，後來還瞞著父親帶回家養，而且越養越多，最高紀錄達到三十條。這些蛇，就在床底下爬來爬去。阿峰發現，牠們其實沒傳說中那麼神祕、可怕。是人類將之醜化了。

蛇沒手沒腳，行動神出鬼沒，尤其是，小小的一口就能讓人致命。這些刻板印象，讓蛇成為東西文化傳統中邪惡的代表，是除之而後快的妖怪。阿峰深深為蛇族抱屈，這都要歸咎於人類的不了解。「不是每條蛇都有毒，無毒蛇遠遠看到你就跑掉了，膽小得很。」他說，縱使是毒蛇，也不會隨意咬人。

以眼鏡蛇為例，當你靠近其領域時，牠的頭就會越抬越高，尾巴還會敲敲打旁邊的落葉、樹枝發出警告。藉由動作或聲音，明明白白告訴來犯者牠的生命已遭威脅，如果還繼續進逼，當然會招致攻擊。阿峰還補充，蛇腦容量很小，應該說笨笨的，和人類的陰險相比，差遠了。另外，蛇睡覺時眼睛開開的也不是故意要嚇你，那是因為牠沒有眼瞼，無法閉合。

當毒蛇一圈圈盤起身來，動也不動的盯著你時，有人會不寒而慄，卻也有人為此讚嘆不已。阿峰覺得牠們的眼神中有一種莊嚴，很穩重、很漂亮，特別是龜殼花

最吸引人。要先挪開對蛇的畏懼，才能了解牠的美。蛇和我們一般養的貓、狗寵物不同，沒有表達感受的能力，因此，阿峰需要花更多時間作細微的觀察。所以他能告訴你，不同種類的蛇有不同的個性，就和不同的人一樣：「青竹絲很酷，百步蛇沉著冷靜，鎖蛇警覺心強，而雨傘節就比較神經質。」

遭蛇吻，怪自己

曾經有段時間，這個愛蛇人也對蛇退避三分。

那年阿峰十八歲，在一次向同伴展示時，不慎被神經質的雨傘節咬了一口。由於鄉下資訊缺乏，也不知道去醫院注射血清，他立即的反應就是先灌下一瓶米酒，緊急找了位有經驗的阿婆開藥。很幸運地，小命就這麼糊里糊塗保了下來。阿峰坦承，「當晚簡直怕死了」，雖然最後沒事，卻一連做了一週的惡夢，整整一年不敢靠近毒蛇。後來他分析，也許那次蛇只咬了人，但並未排毒；而被攻擊，完全是自己太不小心，不懂遊戲規則所致。雖說是一朝被蛇咬，十年怕草繩，但是阿峰就是阿峰，把錯算在自己身上。意外襲來的恐懼感逐漸掃除後，他對蛇也就更為了解、更為投入蛇的世界。

阿峰不僅懂蛇、愛蛇，對其他動物也不含糊。沒有偉大的理由，純粹就是喜歡牠們，並從觀察中獲得樂趣。這個樂趣在退伍後該找工作時會打折嗎？完全沒有。他跑得更遠、在山上待得更久，有很長一段

日子，高雄二集團部落就是他的生態觀察基地。那裡有一群愛喝酒又豪爽的布農族朋友，教了阿峰許多書本上所沒有的知識。在他最窮的時候，彷彿是這座山收留了他。窮歸窮，不妨礙他白天看昆蟲、鳥類，晚上看夜行性動物的興致，阿峰以猶如節目播報員的口吻說，「在山上絕不會無聊！」因為每個時段都有不同的東西可欣賞，所以連睡覺都捨不得，「累的時候，瞇一、兩個鐘頭就夠了」。因為山上太精彩，為了觀察，一週沒下山、沒洗澡也是很正常的。

野外的生活自由自在，在平地，與人的相處有時反而比較難。置身在大自然中，問題變得很簡單，就把自己也當作一隻動物。既然只是生態體系裡的一分子，阿峰自然也有了天敵──蟾蜍。他從小就怕，翻開石頭猛然和蟾蜍近距離四目對望時，他會嚇得像隻青蛙似的跳開，惹得同伴哈哈大笑。

很多時候，阿峰是以拜訪老友的心情舊地重遊。那可能是田裡的一條水蛇，從受傷的尾巴就能判斷是牠；知道牠還活著，感覺就很開心。那也可能是碉堡洞裡一隻獨居的蝙蝠，有著馬蹄形狀的可愛鼻子，白天去看牠，總是在倒吊著睡覺。可是由於人類的恣意開發，這些老友可能在下次造訪時就全不見了。例如墾丁有一個廢棄魚塭，每次去，都能看到豐富的水生生物，但後

來就被填平，那些動、植物就這麼一夕間被粗暴的埋了。所以，問阿峰最嚮往成為哪一種動物時，他會很無奈的告訴你，「變成某種動物，那會很慘。不是棲息地被破壞，就是被吃掉，被抓去泡藥酒，或被打死。」

會被打死的，指的就是蛇。有一次在烏來，一條被誤認為青竹絲的青蛇被小孩用石頭砸死，父母還在一旁稱讚。看到垂死擺動的身軀，阿峰很難過。恐懼和誤解，讓這條無威脅性的小蛇喪了命──阿峰怕蟾蜍，但只會避開而不會攻擊。人類何時才懂得尊重生物界的其他生命呢？

人有時比蛇恐怖

阿峰曾經是社會新聞的主角。那是一個蛇類展覽活動，主辦單位為了造勢，懸賞一百萬，徵求一個能和一百條毒蛇共處十天的人。阿峰報名了，一開始先放了五十條青竹絲與海蛇，但才進行第三天，整個活動就被警方以「違反社會善良風氣」為由喊停。阿峰背負了「要錢不要命」的惡名。這個事件當初轟動一時，現在再問起他，答案仍然一樣：阿峰沒有想過一百萬到底有多少，他只是要藉此告訴大家，蛇並不可怕，也不會無緣無故咬你。而那三天也並不好過，他和一堆蛇關在一起，隔著櫥窗，承受外面的人指指點點，像身處動物園中的某個籠子。「想到天一亮又有人來參觀就覺得恐怖！」對阿峰來說，這些人帶來的壓力，還遠大於身旁的這些毒蛇。

也算是因禍得福吧。這個事件讓沒有正職又身懷絕技的阿峰受到注意，被熱心的人士推薦到動物園，協助野外調查的工作。和他交情超過十年的螢火蟲專家陳燦榮認為，阿峰擁有非常豐富的野外觀察經驗，是一些科班出身的學者所欠缺的，兩者結合，才能把事情做好。阿峰的角色猶如原住民，因為熟悉生態，所以是最厲害的獵人，但只要願意，也一定是最好的山林守護者。現在除了野外調查，他也為社區大學、學校社團義務上課，宣揚理念。一場演講只要有五個人聽進去，他就認為值得了。

從不務正業到「民間生態觀察專家」，雖是不一樣的社會評價，但阿峰作的卻是同樣一件事，三十年來不曾改變。這個熱情在還沒上小學就開始了，他很早就知道，自己要的是什麼。他不能忍受為了工作只能週六、週日才能上山，也無法等到退休後才好好行動，因為，有些生物到時可能就絕種了。只要不遺憾終生，口袋沒有錢並非重點。

採訪完後，我們請阿峰和蛇拍張照，他望蛇的專注和專情，真令人感動。哪一天，如果你在某條山路，看到一個人突然停下車來，將躺在路上曬太陽的蛇小心移開，那個人，也許就是阿峰了。　■

$\frac{1}{2}$ 百癖圖

明癖、暗癖、雅癖、
怪癖……
一個繪畫癖帶你
走一趟
癖人集中營

文・圖—BO2

戀屍癖

通常喜歡透過與死屍的交歡來獲得另一種層次的高潮，然而並非所有死物全盤接收，術業有專攻，有專戀腐屍的，有熱愛乾屍的，更有把殭屍當成吹氣娃娃的，而其中又以喜歡「一氧化碳粉紅屍」的人數最多！

戀足癖

傳統的性器官對他們來說太過骯髒複雜，完美無暇的腿部線條搭上高跟鞋才是他們的最愛，望著一雙美腿狂打手槍是他們認為人生最美好的事，看清楚，我所說的是美腿，象腿蘿蔔腿長了雞眼得了黴菌灰指甲的腿並不在此範圍……

戀獸癖

動物的性器對於熱衷此道者有著無比的吸引力，不過會隨人種而有些許不同，東方人五短身材屌小穴淺，兔子、貓、狗等小型哺乳類是他們的親密戰友。西方人高頭大馬屌大穴鬆，豬、馬、驢子等大型家畜才能符合他們的需要。

戀童癖

有此癖好者視兒童為上肉，不論煎煮炒炸都可口至極，由於尺寸差距懸殊，因此這種癖不見得會有插入性的行為產生，大多是躺在床上摳摳摸摸後再自我解決，代表性人物為愛抓自己小雞雞的麥可傑克遜。

戀人癖

此一族群有著過人的依賴性，一旦找尋到適合的依附對象便執迷不悔一頭黏上去（常見的追星族即代表），喜怒哀樂生活起居完全隨著被依附者的變化起舞，心甘情願在沒有自我的世界自得其樂，屬於高階版的寄生蟲！

露陰癖

露陰癖又分為靜態版與動態版，靜態版指的是純露鳥不動作，動態版的除了露鳥還外加活塞運動，有時太過激烈還會瞬間變成亂吐痰的噴射雞。

SM

分為施虐與被虐，滴蠟油鞭打綑綁灌腸等等是最常見的，危險度高的窒息性交歡也屬SM的一種，不過要玩這個最好有專業醫護人員在一旁待命，但是……可能嗎？

劈腿癖

有此癖好者視忠貞為糞土，「見一個愛兩個，集滿五個再送一個」是他們的座右銘。近年來有此癖好者快速增加，大部分的社會問題跟他們脫離不了關係！！

A片癖

通常有此癖好者精力過人，往往一天要打好幾次槍或砲才會滿足，而A片正是從事此類活動的最佳良伴，如同花生之於啤酒，可樂之於披薩，少了A片別說什麼打砲打手槍的，就連打蚊子都提不起勁呢！

制服癖

學生服、護士服、OL套裝、軍警制服等皆能勾起有此癖好者的性慾，不但喜歡跟穿著制服的性伴侶調情作愛，自己也愛穿。就像是超人的披風，不論身處何種環境，只要有了制服的加持，軟趴趴的小弟弟當場就可以搭出一個尖聳漂亮的四人帳。

季常癖

別懷疑，怕老婆也是能成癖的，老婆的犀利眼神對他們來說有如夏日午後的微風，老婆的責罵羞辱對他們而言有如喚醒萬物的春雷，「天生賤骨頭」這五個字可說是最佳寫照！

偷窺癖

偷窺的慾望人人皆有，然而一般人對這方面的專業能力普遍不足，多是透過狗仔雜誌來滿足。要偷窺成癖其實並不容易，平日即必須透過不斷練習來提升自己的段數，舉凡偷窺如廁、做愛、更衣等等皆是他們每日必做的課題，在眾怪癖中，他們算是相當用功的好學生呢！

偷拍癖

在暗處利用快門捕捉他人的靈魂，就像是敵明我暗的狙擊手，在扣下扳機的那一瞬間身心靈得到最大的滿足，這種滿足來自於被攝者的醜態百出，也來自於那絲毫不矯揉做作的自然美感。

偷竊癖

要他們不偷東西真的很難，因為這一切就像撒完條抽張衛生紙擦屁股般的自然，在他們的世界，共產主義是聖經，你的就是我的，全家就是你家，就算偶爾失風被逮也無所懼，關一關放出來又是好漢一條。

偷內衣癖

此癖可以說是男人的專利，舉凡奶罩馬甲束腹衛生衣吊襪帶三角褲丁字褲等等等等皆是他們的下手目標，只要一得手，他們會迅速將它穿戴在自己身上，或者是套在生殖器上搓搓弄弄的，但鬆垮垮的大布袋則在他們的蒐藏名單之外。

戀污癖

戀污癖者甚少生病，專家也無法解釋他們為何越髒越健康，洗澡刷牙等基本個人衛生對他們而言等同於酷刑，如廁後的清潔工作更是多餘，噓噓後不必多事的用紙擦拭，屁眼若有鮮屎疤也無須費工夫清除，風乾後自然脫落才是王道。

潔癖

重複的擦洗，不斷的清潔，任何一點微小髒污都會嚴重影響他的情緒，如果環境許可，他們會很樂意終身待在無塵室裡，如果經濟許可，他們將只喝逆滲透水吃有機蔬菜，抹布菜瓜布與拖把是他們的精神寄託，走火入魔者認為刷洗儀式是上帝指派他們的任務，靈魂也因此得到了救贖。

疑病癖

最常見的就是吃這個也癢吃那個也癢，今天頭痛明天腰酸感覺心跳好像隨時都會停止，散盡錢財看遍名醫只為了聽一句：「您生病了！」如果醫生給的答案是：「一切都是你想太多！」保證他們會當場翻臉。

孤癖

通常過著獨居自閉的生活，不與外界接觸與現實社會沒有互動，唯一的朋友是自己的影子，與自己對話是生活中唯一的樂趣，據說單口相聲便是由此衍生而出。

嗜睡癖

小眠是他的點心，熟睡是他的主食，夢中世界他活躍如羚羊，現實生活則有如瀕死的蠕蟲，具備五秒內進入準睡眠狀態的特異功能，最具代表性人物為哆啦A夢中的大雄。

罵髒話癖

鏗鏘有力的重音字是他們的最愛，伴隨著飛沫飆射而出的髒話讓他們身心靈得到解放，「造口業」這種事嚇不了他們，因為他們的回答永遠都會是：「幹，什麼口業我不懂啦～更當養老雞排咧！」

咬指甲癖

有此癖者多半有嚴重的神經質，喀擦喀擦的啃指甲是他們減壓的不二法門，指甲對他們而言就有如水庫的閘門，滿水位時閘門若不開水庫勢必完蛋，他們從手指啃到腳趾，再從腳趾啃回手指，當壓力解除時，指頭也開花了。

笑癖

笑容是他們對外溝通的唯一方式，在他們身上完全看不到悲傷，佛說此乃大智慧的表現，但現代醫學實驗證明，有此癖者多為先天性智能障礙。

嗜菸癖

他們將自己幻化成蒸汽火車頭，隨時隨地享受著吞雲吐霧的快感，肺癌這種絕症他們根本不怕，因為在製造煙霧的同時，他們已經達到人神合一的境界，死又何懼？？

乞癖

好手好腳卻不事生產的低階動物，看似可憐，但實際的年收入往往比私人公司的經理級人員還高，雖然沒有任何社會地位可言，但完全免稅而且只收現金不接受刷卡，因此可預期將來會有越來越多人投入這個低風險高報酬的行業。

旅行癖

總以為自己是候鳥投胎，認為唯有透過不斷的遷棲才能體會生命的真諦，世界各大城市東京巴黎紐約倫敦都有他們的足跡，但往往到老的時候才發現自己不知道中正紀念堂在哪裡。

購物癖
通常在躁鬱症患者身上可以發現這種癖症，他們透過瘋狂的購物行為來釋放他們的焦慮，然而實際的狀況往往是越買問題越大，散盡家產妻離子散幾乎已是不變的芭樂結局，值得慶幸的是社會經濟因此而繁榮……

拾荒癖
可用「目中無人」這四個字來形容，因為這些人的雙眼甚少平視，地表上的廢物才是他們目光焦點的所在，舉凡缺了布面的雨傘，開口笑的鞋子，被壓扁的紙箱鐵罐等都是他們的最愛，但面對鈔票黃金鑽戒金錶這些值錢玩意也同樣是不手軟的。

錢癖
篤信有錢能使鬼推磨，金錢凌駕所有一切，為了錢，他們可以出賣身體，為了錢，他們可以拋棄親情，就連唱KTV這種事他們都捨好樂迪而就錢櫃。

迷信癖
任何一點風吹草動都會感動莫名，因為他們認為這些都是上帝傳來的信息，做任何事情前都不忘先讚美他們信奉的神，佛經聖經可蘭經倒背如流，造橋鋪路捐香油錢絕不手軟，但鄰居電視開太大聲或家門口的停車位被占用卻是他們所不能容忍的！

塗鴉癖
認為青春不能留白，廁所磁磚公車椅背圍籬磚牆柏油馬路這些地方同樣也不能留白，有的用噴漆塗料，有的用粉筆紅磚立白，他們自認為肩負美化世界的神聖任務，但在一次次的精心創作下，這個世界卻被他們越搞越糟。

盤龍之癖
盤龍之癖指的是賭癖，有此癖者太陽底下的任何事都可成為下注的目標，賭棒球，賭選情，賭撲克牌，賭麻將，賭俄羅斯輪盤，賭明天會不會下雨，賭看不看得到明天的太陽，賭性之堅強凡人無法想像，就連老婆肚裡懷的是自己的骨肉還是隔壁老王的孽種這種事都能賭上一把！

上網癖
一天24小時掛著不下線是小意思，民生問題全靠網路解決才是他們過人之處，社交透過MSN，三餐透過網購，終身大事透過網路擇偶，就連自殺也要在網路上找個伴一起上路！

看電視癖
遙控器是他們賴以維生的氧氣罩，癱坐在沙發上不斷切換頻道是唯一的運動，不在乎電視機是映像管LCD還是電漿，也不真的關心電視機裡演些什麼，他們要的只是掌握變化螢幕畫面的主控權。

地癖
他們買地不為建屋，不為投資，就只純粹為了滿足「買」這個慾望，只要手上一有閒錢，立刻啟程四處尋覓好地來蒐購，買來的地有可能任其荒蕪，也可能拿來養小雞與小鴨，據說〈王老先生有塊地〉這首童謠正是此癖者所寫下的。

考據癖
人文歷史科學數理都是他們考據的範圍，有了他們的考據，先民留下的智慧足跡才不至於中斷，這種凡事都要打破沙鍋追根究柢的精神著實讓人敬佩，但雞生蛋蛋生雞這種事情他們卻絲毫不感興趣。

藏書癖
他們終其一生不計代價的搜刮書籍，從古書到A書，從文言到言情，一切只為了「書中自有顏如玉、書中自有黃金屋」這14個字，就像個不斷搜尋獵物的獵人，深恐遺漏了哪一本而錯失了發財機會。

刺青癖
肉體是他們的畫布，不管是在背部、大腿還是屁股，不管是龍、鳳、裸女還是I Love U，他們喜歡把各種圖案縫在自己身上，對他們來說，這些圖案勝過百萬服飾，重要的是，永不離身，且洗澡還可兼洗衣，太酷了！

自拍癖

極度自戀，因為現實世界沒有皇后的魔鏡，只好透過相機來自我滿足，患有此癖者通常伴隨某種程度的躁症，發作時就彷彿鼓脹的河豚般極度膨脹與過分自信！

整容癖

自卑與自大同時存在所產生的矛盾感讓他們無所適從，永遠覺得自己不夠完美，又天真的以為整形可以讓他們改變這一切，今天切這裡明天補那裡，旁人永遠猜不出他們的身體到底哪個部分才是真的。

奇服癖

誇張是一種基本禮儀，打扮成發情的孔雀是他們的終極目標，越誇張的服飾越得他們喜愛，但他們永遠搞不清楚自己的拿手強項其實是扮火雞。

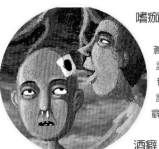

嗜痂癖

結痂的傷口對他們來說就像蒼蠅看到牛糞一樣不舔不快，據說其味有如煙燻起司般醇厚濃郁，細細咀嚼齒頰留香，媒體記者等新聞從業人員大多有此怪癖。

酒癖

嗜酒如命的劉伶是其代表人物，此人早也喝晚也喝，常常是「喝到天涯無盡頭，柳暗花明又一喝」，一次有客來訪，他光著屁股喝得暈頭轉向，客人責問他為何露鳥，他居然回答：「我以天地為宅舍，以屋室為衣褲，你們為何入我褲中？」

發明癖

另類思考是這類族群唯一的專長，他們會為避免水滿溢出而發明出沒有底的杯子，為避免腳臭他們會發明沒有鞋底的慢跑鞋等等，雖然這些發明的實用性幾乎是零，但娛樂性卻是百分百。

嗜藥癖

各類色彩斑斕的藥品是他們最愛的飯後甜點，家中的藏藥量絕對大於銀行存款，秉持著有病治病，無病強身的信念吃遍中西名藥，就算吃到腎衰竭、肝硬化也在所不惜。聆聽電台賣藥節目是最大消遣，叩起來邊吃藥邊應扣應更是叫厲害。

嗜吃癖

吃吃吃，這些傢伙每天張開眼就是吃，食物好不好吃不重要，營不營養也無所謂，他們只關心咬不咬得動，吞不吞得下去，如果各位看過吞食垃圾的垃圾車，應該就可以想像他們進食時的精采畫面！！

異嗜癖

他們專吃非食物性的物質，如紙張、石頭、頭髮、泥土、橡皮等等，科學家至今仍無法解釋這種現象，不過可以肯定的是，如果有一天地球因糧食短缺導致生物滅絕，異嗜癖者與蟑螂將會是唯二的倖存者。

嗜辣癖

有此癖者無辣不食，辣椒對他們而言有如大麻。吃完重辣後蹲坐在馬桶上，仔細聆聽由臀部小孔所迸出的悶聲巨響是最讓他感到醉心的休閒活動！！

嗜聞癖

對他們而言，各種瀰漫在空氣中的香臭分子就有如跳躍的音符，一但被鼻腔捕捉，會被立刻譜成曼妙的樂章，由鼻黏膜將訊息傳達到大腦，於是一場讓全身顫抖亢奮的高潮就此展開。

嗜痰涕癖

美女的黃鼻涕與濃痰到底是什麼滋味？像勾過芡的濃湯？像麵線羹裡軟滑的蚵仔？還是像略帶腥味的蛋清？有此癖好的日本文學大師谷崎潤一郎曾顫抖的以簡短的三個字做註解，哪三個字？

喔~喔~喔咿系~～

我曾經看過每天都是為了一滴又一滴的嗎啡來過日子的生命，我曾經忍受過毒癮

酷兒的赤裸午餐

毒蟲賈霸羅斯

發作時極大的痛苦,以及毒癮細胞嚙食從針筒注射進來的毒液時如獲甘露般的解脫快感。

文－冼懿穎

William Burroughs

1951年9月8日，美國《紐約日報》（*New York Daily*）的頭條是這樣的——「Heir's Pistol Kills His Wife; He Denies Playing William Tell」（繼承人槍殺妻子；他否認玩William Tell）。

9月7日晚上，一個男人和他的妻子來到了墨西哥城一家酒吧等待一位點38手槍的買家。買家並沒有出現，但他所迷戀的那個男人倒出現了。或許是爲了在心儀的人面前獻技，他突然對妻子說：「來吧，是時候玩我們的把戲William tell act了！」（一種特技，把物件放在某人頭上，然後開槍或用箭射擊那個物件）。於是他的妻子便放了一個物件（有說是水杯或酒杯）在頭上，站在距離他六呎的地方。他開了一槍，子彈直穿他妻子的額頭。這時，他迷戀的人對他說：「Bill，你好像殺死了她……」

這個男人就是貝羅斯（William Burroughs）。那天他誤殺了妻子瓊·佛瑪（Joan Vollmer），她

一陣暈眩侵襲著我，然後房子開始在天旋地轉。有一種吸入了醚的昏睡感覺。

的死成爲貝羅斯一生的陰影與掙扎，但卻爲這世界成就了一位傳奇的毒蟲作家。

嗜毒者的糖果

貝羅斯（1914~1997）出身於一個富有的家庭，祖父（William Seward Burroughs，與他同名）是四則計算機（Burroughs adding machine）的發明人，在美國經濟蕭條的二、三〇年代仍可以過著舒服的中產生活。每個月從父母手上獲得一百五十塊的生活津貼，他得以嘗試一種「另類」的生活體驗——對地下犯罪世界以及虛無感覺莫名的迷戀（據金斯堡說，剛認識貝羅斯時，當時他在看的書就是考克多的《*Opium*》、葉慈的《*A Vision*》）。「小時候我常常發惡夢……我害怕有一天當我醒過來的時候，發現自己原來仍然在惡夢中。記得一位女士曾跟我說抽鴉片可以讓人發甜夢，於是我便決定長大後一定要抽鴉片。」貝羅斯在《*Junky*》的序言說。1936年他從哈佛大學英國文學系畢業，1943年他抵達紐約追求自由的生活，他終於進入了地下世界，開始打嗎啡、吸食海洛英。他認識了克魯亞克（Jack Kerouac）、金斯堡（Allen

Ginsberg）等人，日後被稱爲五〇年代「垮掉的一代」（Beat Generation）的代表人物。

當中還包括了另一條大毒蟲，「Beat Hero」亨克爾（Herbert Huncke）。就是因爲他，貝羅斯有了第一次吸食海洛英的經驗，亨克爾事後問他的體驗，貝羅斯說：「嗯，滿有快感的……這有趣得很。」貝羅斯那頭七三分界的髮型永遠梳理得一絲不苟，穿得衣冠楚楚，任憑誰也不會想到他是一位吸毒者，亨克爾形容他「帽子、大衣、一隻手穿著手套，另一隻則拿著手套」。因此當亨克爾剛認識貝羅斯時對他一點好感也沒有，他認爲貝羅斯是名FBI。

這世上芸芸嗜毒癖者，貝羅克的「過人」之處，是他像神農氏般嚐百草，不只是嚐，還種毒，還寫毒。他說：「我曾經看過每一天都是爲了一滴又一滴的嗎啡來過日子的生命，我曾經忍受過毒癮發作時極大的痛苦，以及毒癮細胞噬食從針筒注射進來的毒液時如獲甘露般的解脫快感。也許所有的愉悅都是一種解脫……毒品並不像酒精或大麻那樣，是一種能爲生活加添樂趣的工具。毒品不是一種快感，它是一種生活模式。」（《Junky》）

貝羅斯的生命就正如他自己所說的，是被毒品牽引著的。由於僞造藥物處方以獲得嗎啡，他被逮捕並遣返至聖路易士州由父母看顧，這段期間瓊亦由於服用大量安非他命而導致精神錯亂被送至精神病院。貝羅斯作品的主題一直環繞著永不止息的各種權力鬥爭，即個人與官僚機構、愛情、語言。他不太喜歡紐約，討厭這個城市快速的節奏，以及對個人的苛索和自由的限制，尤其當他是吸毒者同時又是同性戀者。他認爲自1914年美國推行Harrison Narcotics法案後，歇斯底里式的反毒浪潮已橫掃全球，對個人自由造成致命的威脅，所以當貝羅斯回到紐約後，便立即把瓊從精神病院接出來一起前往德州。他在那裡買了一塊99英畝的土地種植大麻、罌粟，還有一些棉花等經濟作物作爲掩飾。

他的心裡住著一個惡靈

爲了逃開美國法律的束縛，1950年他們從德州又遷至墨西哥城，貝羅斯曾寫信給克魯亞克說：「墨西哥是屬於我的地方。不管在什麼情況下，我都不會回去美國。」然而自從瓊去世後，他離開墨西哥城又回到美國，1953年再前往巴拿馬尋找一種相傳亞馬遜印第安人吸食後能產生靈視的植物yage。

貝羅斯曾說若非瓊的死，他可能不會成爲一個作家。大半生他都在探求在毒品影響下的精神意識，亨克爾曾說貝羅斯「主要是爲了做研究才成爲毒癮者」。1962年《Naked Lunch》被評爲淫穢之作，被波士頓警察局扣留，禁止在當地出版和售賣。貝羅斯便曾說這本書「殘暴、淫穢和噁心是必須的。疾病常常是令人厭惡的細節，從不適合弱者的胃口」。金斯堡代表貝羅斯到法庭傳訊時，他把貝羅斯形容爲「一個宗教性的作家」（a religious writer）。對一個覺得自己

他曾經在作品中細數了自己嘗試過的毒品種類和戒毒方法。

一生都被超自然力量所控制、相信巫術的人，甚至被所謂的惡靈（ugly spirit）附身（因而殺了瓊），貝羅斯之所以要研究yage，就是爲了要獲得靈視的知識，那樣他才能作出「反擊」，而所謂「反擊」也就是寫作。貝羅斯在寫給金斯堡的信中曾提及吸食yage的經驗：「一陣暈眩侵襲著我，然後房子開始在天旋地轉。有一種吸入了醚的昏睡感覺，或者是酩酊大醉躺在床上所感到的暈眩。一陣藍色的亮光閃過眼前……我沒法走路，身體失去協調，雙腿像木頭那樣……隔天早上，我已經回過神來，只是還有一點疲倦和嘔心。」

《Junky》（1953）、《Naked Lunch》（1959）、《Queer》（1985）可說是「癖癮三部曲」，主題環繞著毒品、性愛、錢、罪行、權力，都是根據他的自身經歷寫成。寫成《Naked Lunch》是貝羅斯染毒的第十五年，大部分是在摩洛哥丹吉爾完成。他租了一個房間，駭人聽聞及令人無法想像的是，在這一年裡面他沒有洗過澡、換過衣服，即使解開衣服，也只是爲了每隔一個小時在枯黃的皮膚上注射毒品。

在這個沒水沒電、垃圾和空藥瓶堆滿天的房子裡，貝羅斯什麼事情都不做，他說：「我可以看著我的鞋子，就這樣呆呆盯著八個小時，當毒品的滴漏中止時，我才慢慢甦醒過來……如果有人死在那裡，我想我還是會坐著看著鞋子，想著待會要搜他的口袋，你怎麼不會這樣做呢？因爲我從未試過吸得足夠的毒品——從來就沒有人會覺得滿足。每天吸三十格令（1格令＝50 mg）的嗎啡，然而仍然不夠，」《Naked Lunch》就是在這種精神狀況下的創作，因此當他說對當時寫作的過程沒有確實的印象和記憶便一點也不足爲奇。

除了寫作外，貝羅斯大半生都花在吸毒和戒毒上，他在《The British Journal of Addiction》裡便寫過一篇文章〈Letter From a Master Addict to Dangerous Drugs〉，細數了自己嘗試過的毒品種類（包括鴉片、大麻、可卡因、安非他命、麥斯卡林、莨菪鹼等等）、戒毒方法和療效。1956年他採用阿撲嗎

啡療法（apomorphine treatment）來戒毒，他表示這個療法有效壓抑了自己的毒癮，還成為此療法的倡導者。雖然後來醫學研究顯示阿撲嗎啡療法效用不大，但療法的運作原理卻跟貝羅斯所描述的一致。

Cult界的巨人

貝羅斯的性格乖僻，小時候他愛看王爾德、紀德和波特萊爾的作品，名家之外他還特別欣賞一本小偷的自傳《*You Can't Win*》。在沉悶的中西部小郡，貝羅斯常打破玻璃偷進去別人的住宅，也不是為了錢，只是為了要在裡面晃一下；有時候他甚至會帶著一支點22的手槍駕車射殺雞隻。他的工作經驗不多，就算有也是較為另類的，像滅蟲和私家偵探。

二○年代聖路易斯州是美國主要的港口及化學工廠重鎮，在炎熱的天氣下，整個城市瀰漫著一片刺鼻的糞便和煤炭味，他卻站在污水道旁，

注定成為一個不被主流社會接受，比邊緣人物更邊緣的異類。

喜孜孜的凝視從那裡吐出來的穢物，說：「我喜歡這種氣味」。貝羅斯追求自由、一生遊蕩在毒品、偷竊、同性愛裡，注定成為一個不被主流社會接受，比邊緣人物更邊緣的異類。他被作家巴拉德（J.G. Ballard）形容為「古怪的天才」（weird genius），就是由於他這種特立獨行的怪異個性，讓他被視為反文化的巨人，吸引了無數跟他一樣詭譎的人物，像大衛‧鮑伊（David Bowie）、樂團R.E.M和Nirvana都稱受貝羅斯所影響，「Heavy Metal」（重金屬音樂）這個音樂名詞史是由他所創。

「Naked Lunch」可解作為把最後一口食物吞下去後，目光凝住在空洞洞的叉子的剎那間，是那樣的清晰，清晰得容不下任何的偽裝。貝羅斯的傳奇在於他沉迷挖掘人性最黑暗的面貌，更相信語言是病毒，並支解文字，安東尼‧伯吉斯（Anthony Burgess）說他的剪拼技巧就像「一個曾經窺探地獄的人回來後寫的所見所聞」。

大毒蟲最後逃過暴斃的宿命並以83歲高齡去世，又是另一個傳奇。　　　　　◼

皮繩

愛慾

的

關於SM，你也許曾在一些影片裡看過、也許覺得會做這些事的人都很可怕、也許不會想到他們可能就是你每日會遇到的開朗大學生或陽光甜姊兒。現在我們逮到機會，請這些愉虐份子現身說法，直接探觸他們豐饒冶艷的愛慾與生活。

妖搞實踐

文—淫妲三代　　攝影—蔡志揚、王嘉菲（SM用具）

著名日本繩師明智伝鬼的門下明智神風與「皮繩愉虐邦」成員在「夜色繩艷」中表演繩縛藝術。

皮繩愉虐邦成員：

端——男性、Dom（支配者），男性伴侶關係

Emily——女性、S（施虐者），異性戀者

Hanmatt——男性、S（施虐者），雙性戀者

Asa——女性、sub（服從者），同性戀者（目前跟男主）

Miss婕——女性、sub（服從者），異性戀者

瓦礫——男性，異性戀者（無BDSM特定認同）

端不覺得自己是一個確定的同／異性戀者，儘管目前的伴侶是個同性，同時有一個已經維持三年半關係的男奴poca。對他而言，伴侶關係的愛慾與BDSM慾望的對象可以無關，事實上也就如同poca覺得有了主人之後就不再需要戀愛關係了，SM認同與一對一的伴侶關係其實並不總是密合的。

在他談到自己最初的SM幻想時，提到的是這樣的兒時經驗：「國小五、六年級的時候，班上有一個男子氣概很強但是氣質很糟糕的老師，我很討厭他，還有班上的另外一個男同學也是。有一次我當眾被老師冤枉跟羞辱（而且那個男生還在旁邊幫腔），就幻想把這個老師還有那個男生綁在X型木樁上，然後打到他們求饒。但是當時這些想法完全沒有跟情慾連上關係。」

端首次的SM探險則是一次非常糟糕的失敗經驗。他想找外型吸引人的玩伴，而且是男性，主要是因為「對女生會下不了手」。有次在網路上看到一篇寫得很吸引人的徵友文，就與這個男M約出來見面調教。沒想到結果是一個外型狼狽的人，調教之後對方還要求插入性交被他拒絕，且因為端要求對方口交被對方吐得一身一地。這是他自述「最難忘」的一次經驗，而且造成了之後很長時間的陰影。

Emily 在剛踏入SM圈時自我認同為一個女M，她回憶當時與男網友表白自己的性幻想是在黑暗的古堡地牢中被拷問，「感覺非常棒」。之後與男網友見面，相當緊張，「他鞭打我、用木拍打我屁股、還叫我當狗在地上爬，他在後面踹我。他鞭打我的時候，會說『妳這個淫蕩的女孩』之類的話，還問我現在幾歲，就打幾下。那一次我回去後就覺得非常的high，朝思暮想。」但是之後卻找不到更適合的玩件，因為「多數的男S都令人覺得很豬頭」，隨後認識了一名是男M的朋友，在聊天互動中引導她，使她覺得「其實施虐也蠻好玩的」。

她回想這些慾念的傾向並非無跡可尋：「我大概小學二、三年級玩芭比娃娃，就會玩強姦的遊戲，芭比娃娃遇到壞人，被綁起來。壞人對她上下其手，強姦她。長大之後有了性經驗，就比較喜歡咬或抓這種比較激烈的方式。後來我看山田詠美的《跪下來舔我的腳》中描述SM女王和男奴的情節，那是我第一次知道SM這個名詞。」

★SM金句「玩**SM**的人要很有想像力。」

支配者其實是一個情慾演作的「編導」與執行者。Emily第一次實行女王的調教，在事前花了很多時間做準備功課：「一開始叫他舔腳趾頭，接著是最重要的鞭打，後來他問可不可以喝女王的聖水，於是他躺在廁所地上，我就尿在他嘴裡。之後我命令他自慰給我看。我覺得調教過程像是演戲，你必須控制整個場面的節奏，從輕微到激烈，過程中穿插言語的嘲弄與差辱，最後要有一個漂亮的ending。」Emily不是一個D／S型態的女王，她對生活的支配掌控這種模式興趣缺缺，她喜歡的是肉身博擊的暴力場景、身體的虐待。但是「女王的身體，除了腳之外是不會讓男奴觸碰的」，因之像Emily這樣的女王在調教

鞭子——材質多為皮質，樣式有「一條鞭」通常為一條或三股編成一條。「散尾鞭」尾部呈多條散狀。「一本鞭」為馬鞭狀。鞭子多用為責打。

BDSM——情慾實踐三向度

「皮繩愉虐」是我們為BDSM這類的生活實踐想出來的一組中文字，這個詞與過去人們所間接熟悉的「SM」在概念的發展上具有變遷上的、延續性的意義，也就是說，我們現在所談的皮繩愉虐（或者BDSM）「就是」你所知道的SM、性虐待，尤其是很多日本A片都會有的那些情節：蠟燭、皮鞭、看起來很嚇人的麻繩，有的時候還會有皮衣或面罩；但接下來的也許你就不清楚了。

你可以這麼理解，但事實上還是有些不同，「我們」想要創造一些改變：關於這些刻板印象、認識與想法的改變；因為很多與上述那些想像不同的BDSM實踐行為，在那些刻板印象之外也是一直存在著的。

首先你需要知道，BDSM實際上包含了三組英文單字：B／D，Bondage & Discipline（綁縛／調教）；D／S，Dominance & Submission（支配／服從，簡稱Dom／sub）；S／M，Sadism & Masochism（虐待／被虐）。

你可以想像成這三組字指涉的是不同的感官與實踐慾望的面向，例如有些實踐者可能會把它們當成三種慾望向度的類屬：

綁縛可能是比較特殊的一塊。因為繩縛需要相當專門的技巧與訓練，綁的人需要了解人的肢體、需要知道在怎樣的狀況下會使受綁者受傷或血液循環不良，以及何種綁縛情況會造成哪些實際（身體的或視覺的）效果等等。而Discipline就字面上而言指的是「構作

進行中不會有性高潮，她認為作為一個女王的「性是封閉的」。她喜歡做一個冷峻的角色，讓男奴爽或呻吟不能自己、而她則冷靜地在場旁觀。

或者可以這麼說，SM經常依賴非情慾感官的情慾化，靠的不是不斷的身體刺激，更多時候是對於某些情境想像的運作。如同端所說的：「重點是要有創意」，同樣的招數用久了是很無趣的。

★SM金句「一般做愛的高潮只是一瞬間，但SM的高潮是在整個過程中一直持續的。」

Hanmatt
也是一個「後來認識SM」的例子，原是一個BDSM圈外的男雙性戀者，在與端的戀愛關係之後才開始認識SM的內涵，但其實在過去伴侶的關係裡面也會有近似於SM的性幻想，只是當時沒意識到那是一種特殊的性態度或認同。

「跟以前的伴侶做愛時，會想要把他們綁起來，可以隨心所欲，然後強暴他們。或把他們眼睛蒙住，讓他們行動受到束縛。但這只是幻想而已。其實頂多只是說，我們來玩蒙眼遊戲好不好？」直到認識端也認識了端的奴。第一次與端一起調教奴時，Hanmatt心中七上八下地手足無措，於是他們讓奴跪著，並命令奴不准直視主人的眼睛之後，Hanmatt才稍稍感到自在。

特別的是他提到愛慾與情慾關係的交錯，「在調教時我會把我們的奴當作練習綑綁的對象。但是我對愛情的慾望是在於我的戀人，對於奴隸們只有支配控制的慾望。我只是把繩縛當成一種手工藝來操作。」對他來說，SM似乎很難「只是」SM，愛慾的投射占了心理滿足中很重要的一項因素。

腳銬——材質多為金屬及皮革。款式則有全金屬鏈的腳銬和加上黑色皮革較柔軟樣式。用作限制受方腳的行動。

「紀律與馴訓」的過程、對紀律的敏感以及順服，把它翻譯成「調教」則是為了更突顯這種實踐當中情慾互動的面向。

再者有些人認為D／S或S／M的差別，在於D／S所著重的是精神上的支配關係，而S／M則更重視身體的、感官的實際被虐；亦即，一個喜歡服從命令（或做家事、或被使喚）的sub不見得喜歡痛、也不見得願意被鞭打或接受更實際的身體接觸；相對地一個願意被打被虐的M也不見得願意接受S方的呼來喝去、或者成為S的小跟班。

有些人願意接受主人／奴隸或者支配／從屬的概念，有些人則不；有些人喜歡玩得鮮血淋漓或者涕淚縱橫，也有些人只想將某種情境「演」得優雅，這些都是BDSM這種情慾實踐的複雜之處。但重要的是，就像對於任何一類次文化的理解——即使是情慾也不會只有幹與被幹的關係，它非常有可能滲入我們每個面向的生活細節、也影響了我們建立某種個體認同的獨特風貌。這是「皮繩愉虐邦」開台至今，所欲探索與表達的核心精神。（淫妲三代）

皮繩愉虐邦 http://www.bdsm.com.tw/main.html

除此之外，S／M、D／S或者支配方與服從方的快感來源都相當不同，例如Hanmatt提到：「我們的奴很喜歡人家把他當狗來看。我會牽著他脖子的項圈去喝水或到處走，他就跟我說他很興奮，很有快感。我們送他狗碗或狗牌的時候，他真的非常開心。我覺得sub和M的興奮狀態不太一樣。M有一種持續的迷幻的感覺，但sub則比較趨近於滿足，心理上覺得很幸福。而S的滿足則來自觀察M的生理和心理狀態，當察覺到他很high，你就會覺得有征服感、有支配感。這種滿足不必然跟性高潮有關。」

Miss婕

自述是一個道地的sub，即使不見面也會遵從主人的命令。「比如說他在網路上下一個命令要我放跳蛋在體內，然後出去買東西，我就會去做。或是他要我每天都沒穿內褲去學校，我就照做了好幾個月。完成命令就覺得很開心。見面的時候，我就會很興奮，一整天都很濕。我覺得我像是寵物，主人回來就撲上去搖尾巴。」

開始的時候因好奇而認識了一位網路上的男S，之後便開始一些簡單的指令嘗試，現在她說：「SM對我來說一直都滿快樂的。他也會打我或把我綁起來，但我還滿享受的，雖然我不是M。雖然被打到的時候會有屈辱的感覺，更棒的是打完之後他會撫摸你，讓我感覺被疼惜，就會整個high起來。」

較特別的、曾有過稱得上不舒服的經驗是主人命她一天只能上一次廁所，除此之外都需報備，問她這樣不會生氣嗎？她只說：「不會呀，我就——忍耐！」

Miss婕認為做一個sub和一個「單純的痴心女」是有所不同的，諸如「等待」的意義、與心目中如何看待彼此的關係。「如果是等待主人，等再久也不會生氣，期待他最後一定會出現。但是與男友之間一定會在乎對等，要交代行蹤、要知道你在幹嘛。」

手銬——材質多為金屬及皮革。款式分為警用金屬手銬及加上黑色皮革較柔軟樣式。用作限制受方手的行動。

繩子——材質大多為麻繩或棉繩。棉繩可直接使用。未處理過的麻繩相當粗糙，可先經過數次水煮、修剪、塗油，使之柔軟。繩子多用為限制受方行動用。

SM Q&A

Q：SM族群的性別分配狀態？

A：男M是最多的，其次是男S，再來是女M，女S最少。整體來說男女比例很不均，女生比較少。

Q：日本A片的SM模式和真實的SM實踐有何不同？

A：A片大都是男的虐待女的，模式很單一。也有女的虐待男的，但是虐待完以後還會被那個男的幹，這是最離譜的。SM的模式其實很多元，雖然網路上有調教手冊，但你不一定要照著執行，因為每個人喜歡的都不一樣。比如說有打屁股家族，就只執行打屁股這個項目；或者有的人喜歡穿橡膠緊身衣，有的喜歡被綑綁，有的是戀足……分得很細。

Q：SM一定和性有關嗎？

A：不一定，有人認為SM應該要伴隨有性行為，有一派又認為絕對不能有性行為。你可以用SM來滿足性生活，但性絕對不是SM的全部。

蠟燭──分為一般蠟燭及低溫蠟燭。一般蠟燭若不知燃點必須先盡量拉高再滴下，或主方先以自己嘗試。
滴蠟的作用在於提供邊感，及不知何時會滴下來的心理操作。

Asa則是一個跟從男主人的女同性戀sub。她回想在成為sub之前與其他女性伴侶的關係時說：「過去我跟女性情人互動的時候，我發現我喜歡被咬，或假裝被強暴，或蒙眼，但那時候我都還沒覺得SM是一個身分。有一次上網看到SM的版，回想起自己過去的經驗，發現自己滿sub也滿M的。再回想小時候，有時候爸媽叫我做家事我不想做，但當我假想自己是後母的小孩或是奴隸，就會做得很快樂。」

談到現在的男人，她說開始時是想要找女性對象，但剛好認識這位男主人。她對他不會有性慾，而是接近一種「信仰」，並且「可能再也找不到像他這麼讓我心悅誠服的人了」。

此外Asa也談到繩縛，「繩縛強調的是剝奪行動自由，以及利用繩子操控你的姿勢。其次是繩子在身上的感覺，比如說壓迫呼吸，以及束緊、摩擦，可能會痛可能不會痛。更重要的是，在失去自由的同時，我可以放掉所有的壓力，我不再需要做什麼事，在一個信任的情況之下完全放鬆。」

「但綁起來並不是全部，還會加上情慾的挑動或痛覺，因為這些結合的可能性，使我們在被繩縛的時候，腦袋會有期待，有各式各樣的幻想。被綁起來可以是受壓迫或被虐，也有人覺得像愛撫，而這兩者都是可以帶來興奮的，也可以和性慾連結在一起。」

★**SM金句**「**SM就像按摩，很痛、但是很爽，而且一定要全身放鬆，一定要信任那個按摩的人。**」

至今仍是「圈外人」的瓦礫自述是因為女友的關係才進入這個圈子，也因為自己學社會學、有過各種社會運動的參與經驗，使他覺得SM是一塊非常特殊的領地。「社會運動講究的是一切的平等，在這種前提之下所有『不平等』的東西都會被視為不好的，應該要被消除的，然而SM雙方卻是在不平等當中獲得快感。因此這個社團的經驗給我很大衝擊。

此外，它也非常有可能用來反駁：形式上的平等並不會是真正的平等。」

本文作者為皮繩愉虐邦成員

Q：SM關係有成為戀愛關係的可能嗎？

A：戀愛和SM可以合在一起也可以分開。有些男S在找M的同時，這個M也要成為他的女朋友。但也有S覺得這很難，因為有些S跟M講話是不把他當人的。你怎麼可能跟小狗談戀愛？

Q：S／M認同和同性／異性戀認同的關聯性？

A：沒有關係。比如說我們會以為女同性戀的M應該也會找女S，但其實不一定。這種認同是一直在流動變化的，曾經是異性戀者的可能變成同性戀者，本來是M的，後來也可能變成S。

每個人的性別認同或SM的結合，都是獨立的、特殊的，無法找到一個方式去歸納。每個人都會自然而然找到自己的方式。

領袖隨時都有可能變成演員——韋伯

權 · Beatniks

翻拍自電視節目《全民大悶鍋》

網路上的癖世界

消費者公民從公共領域中退隱而出，蟄伏於各種新型部落，而每個部落都各有各的調。
網路上的癖世界即是高度部落化的世界。

文—孫治本

「癖」或「癖性」、「癖好」指的不一定是讓一般人不敢領教的怪癖，它的意涵也可類似於特性、嗜好、（生活）風格。癖可能向來就是重要的，不過在個人化、e化的當代社會，癖對於社會關係甚至社群形成的重要性要比傳統社會重要得多。

個人化指的是個人有越來越多的機會做選擇、做決定，這種趨勢亦使得個人對癖好、對生活風格的選擇增加。由於個人越來越能夠甚至必須選擇、決定、表現自己的癖好或生活風格，這些概念的重要性便跟著水漲船高。癖好或生活風格已成為社會行為、人際互動的重要指標，不同的個人甚至可能因為相同的癖好、生活風格或消費行為，產生共享的認同和群聚現象，形成所謂的「生活風格社群」、「消費者社群」或「癖社群」。

我們生活於後現代的台灣社會，已經習於用生活風格將人分類，我們可以任意給某一類人冠上「香奈兒族」、「換妻族」、「劈腿族」、「車床族」等稱號。筆者稱此種社會分類的稱呼為「生活風格族」。這種分類下，同一「族」的成員間，當然都具有作為該族界定指標的生活風格，然而在其他面，同族成員間的異質性卻可以非常大。而且這種分類方式並不企圖使每一個社會個體都能被置於某一生活風格族之下，而且，某個個體可以同時屬於多個生活風格族。「生活風格族」現象顯示社會分類的日趨多樣化，也就是說可以作為社會分類標準的指標越來越多。如果同一生活風格族的部分成員間形成了頻繁甚至緊密的互動關係，那麼「生活風格社群」或「癖社群」就誕生了。網路的普及對癖社群的形成有關鍵性的推波助瀾作用，因為原本具有相同癖好或生活風格的個人可能分散在各地，難以形成社

> 1981 +01 04/29 lan9856　　Re 我喜歡的方式
1982 +01 04/30 kusaka01　　◇ 可否提供網站
1983 +　05/01 littleden　　◇ 直腸長度
1984 +05 05/02 c7654321　　◇ 凡士林..急需答案><"!!
1985 +01 05/02 fusillade　　Re 直腸長度
1986 +01 05/04 SivaZero　　◇ 想請問一下...如果有痔瘡是否就不能完肛
1987 +　05/04 SivaZero　　Re 請問關於肛交??
1988 +　05/05 justlovelove Re 請問關於肛交??
1989 +　05/07 zeroshift　　Re 請問關於肛交??
1990 +　05/07 tetramind　　Re 凡士林..急需答案><"!!
1991 +　05/10 pia2　　Re 凡士林..急需答案><"!!
1992 +　05/11 lucifax　　◇ 如何用清水灌腸?
1993 +　05/11 k98c　　Re 如何用清水灌腸?
1994 +　05/11 lucifax　　Re 如何用清水灌腸?
1995 +02 05/11 kinghong　　Re 如何用清水灌腸?
1996 +　05/11 lucifax　　Re 如何用清水灌腸

群，網路提供的遠距傳播功能則使他們有機會在虛擬世界中相遇、相知、相交往。

網路是各取所需的場域

　　癖社群的發展需要形成的場域。如同前述，具有相同癖好的人，在實體空間中很可能極為分散，難有機會形成社群。然而網際網路上許多首頁係以癖好為主題，例如有關布袋戲、塑身、電影、熱門音樂等的首頁，而且經常設有留言版、討論區；此外還有眾多的BBS及其下無數的版是以某種癖好為主題的。拜訪這些首頁或BBS，具有相同癖好的個人，便有可能凝聚成癖社群。

網路確實是一個癖世界。在網路上，興趣、風格、癖好常被用來作為網友分類的指標，它們且是網路社群形成的一種重要原因。無數的網友在網路上尋找相同癖好者，或者透過共同的癖好認識新朋友。MSN是這種現象的一個好例子。如果你想在MSN上搜尋聯絡人，亦即想將其他MSN會員列為自己互動的對象，主要的搜尋方式之一便是「依興趣搜尋」。MSN會員目錄將會員依興趣分類，產生數量龐大的，筆者所謂的「生活風格族」。MSN會員且可在MSN上進一步建立興趣社群。

網路上的虛擬社群是一種真實的存在。即使網路的使用者處於化名或匿名的狀態，就好比戴著面具，但他們一樣有身分認同與歸屬感的需要。也就是說，網路的不同使用者會想在網路上集結成社群。研究網路文化的學者翟本瑞認為：「網路是個匿名的環境，所以也是個各取所需的場域。」（《連線文化》）這是說匿名使各取所需更為方便，網路因此是非常個人化的。各取所需是依據甚麼呢？在個人化的社會，主要就是依據癖好或生活風格。

網路上的虛擬社群（e-社群）不但是一種真實的存在，而且其與實體世界間存在著互動關係。依據網路虛擬社群與實體世界的對應關係，我們可以將網路虛擬社群分為如下表所示之「第一類虛擬社群」與「第二類虛擬社群」：

第一類虛擬社群	係由實體世界延伸至網路空間的虛擬社群，亦即，在實體世界中原已存在的社群（例如學校裡的某系所、某社團），將其社群關係擴展到虛擬世界（例如成立一個BBS，或在某BBS上成立一個版）。
第二類虛擬社群	主要從虛擬世界中發展出來的社群，例如，在實體世界中素未謀面的網友，以連署的方式，在某BBS上申請成立一個新版。第二類虛擬社群多為癖社群。第二類虛擬社群雖然先是從網路虛擬世界中形成，但亦可能延伸至實體世界，成為實體社群。

第一類虛擬社群是實體世界社群向網路的擴展，它當然也可能是癖社群，然而許多此類社群是傳統或正式制度之下的團體，例如某社區的居民透過架設BBS，將其社群關係拓展到網路上。第二類虛擬社群則並非先存在於實體世界，而是真正源起於網路虛擬世界。而什麼東西最常能號召彼此原無關係的個人在網路上聚集成社群呢？答案就是個人的風格、癖好。因此，第二類虛擬社群大多為生活風格社群或癖社群。癖社群是因為偶然、好玩，和共享的欲望、風格、時尚、興趣、主張、熱情等而形成。

在台灣的BBS世界中，有非常多的各種癖或生活風格的喜好者聚集的場域和社群。有些BBS，僅針對一種生活風

【板主：saki/epicure】　　　　　　　SM俱樂部

F]轉寄 [

　號　日期　　　　　文章標題

1982 +　05/14 linda03　　Re 調

1983 +04 05/14 thuki　　　Re 調教教學
1984 +　05/14 NightWish　Re 調教教學
1985 +　05/14 TiTiTaTa　　Re 箱子
1986 +　05/14 thuki　　　Re 調教教學
1987 +03 05/14 emilyintw
　　　　　　　　uki　　　Re 調教教學
1989 M　05/15 lincongtw　◇ 主焉?奴乎?

同人接龍之無

1992 +　05/15 ct4138　　Re 喜歡玩,想要玩SM的人請到此簽名吧......
1993 +　05/15 hentai　　◇ 沒關係
1994 +01 05/15 thuki　　◇ SM觀
1995 +　05/15 allanboy32　Re 沒關係
1996 +　05/16 epicure　　◇ BDS
　　　　　uis77　　　Re 喜歡玩,想要玩SM
　　16 blueoo
5/16 iwantinsertu Re SM觀

格主題而設，如果喜愛此一生活風格的網友人數眾多，單一主題的生活風格BBS，也有可能發展成人氣旺盛的大站。關於電玩的「巴哈姆特」BBS，就屬於超大型的生活風格BBS。「中央情報局」BBS則是各種歌迷、影迷、主播迷的聚集場域，尤其是日本偶像團體「傑尼斯」的迷喜歡在「中央情報局」流連。「永恆的國度」BBS則是網路文學的作者和讀者群聚的天地，不少作者在該站成立個人版，與他們的讀者共組網路文學社群。

虛擬性俱樂部

當然，網路對癖的便利性也可能促成悲劇性格者群聚而製造悲劇，例如來自四面八方，原本互不認識，有輕生念頭的網友在網路上討論自殺前的心情、自殺的方式，甚至相約集體自殺。這種可謂是自殺者俱樂部的社群，是網路癖世界的陰暗面。有食人癖者也可能在網路上找到有被食癖的網友。就有個德國食人魔，在網路上徵求樂意被他吃掉的自願者，結果真的出現了數名應徵者。這位食人魔不是什麼人都吃，可說是「挑食」。他不吃非自願者，不吃自願但感到懼怕者，不吃婦女。他從應徵者中選了一位男性工程師做他的盤中餐。在殺死這名為被食、被閹割的欲望控制的工程師前，他先把對方的生殖器割下，烤熟了後與生殖器的主人一塊分享。此一讓人聞之毛骨悚然的個案，使人驚嘆網路癖世界的無奇不有。

在網路癖世界中，有一塊既具爭議性，但其實也可說是中性的領域，那就是網路中各種性癖的世界。我們常說，色情和暴力是最能牽動閱眾眼球的傳播內容，在網路虛擬世界中亦是如此，一個Web網站或BBS，如果有關於性的部分，那麼該站中人氣最旺者經常就是此一部分，更別提許多網友在網路上尋尋覓覓的就是異性甚至同性間的親密關係。

所謂性乃人之大欲，食色性也，所以我們說網路上的性癖世界是中性的。然而性在人類社會也是最敏感的事，人類社會對性立下了許多規範，因此網路上出於共同性癖好而產生的聚集，在許多人眼中也是有爭議性的。在實體世界中，性經常仍是難以啟齒的事，個人並不容易在週遭朋友間尋找具相同性癖好者。網路的匿名環境和遠距傳播功能，使網友得以與來自四面八方的同好分享性癖。

從前許多性癖被認為是變態行為，就連精神分析學派的開山鼻祖，對性非常重視的佛洛伊德，都認為不以成熟男女生殖器之結合為最終目的的性行為，例如停滯於戀物或口交，都是變態的性行為。時至今日，人們對各種性癖的接受度已大幅提高，變態一詞已較少被使用，而在匿名效應下，各種性癖的愛好者更是積極在網路癖世界中開疆擴土。

在一個以性為主題的BBS，我們看到以各種性癖好為主題的版。喜歡或想嘗試肛交的網友有他們的「屁屁天地」版；有口交癖者當然也少不了他們的小小世界。當媒體不斷強調女性胸部偉大的重要性時，我們在這裡發現了「大奶美眉抒發心情、分享經驗、建立認同的空間」；但同時也有「越小越平越性感」的頌揚者開設了他們的版。自慰這種並非不尋常但在實體世界中仍讓人難以啟齒的話題，在這裡當然可以被當作一種癖好討論，甚至女性也有地方「分享女人自慰經驗」，亦即討論「怎麼Co最舒服」的CoCo版（Co乃「摳」的音譯，代表女人自慰的基本動作）。特別對女性的腿足有癖好者，有他們的「美腿美足版」；戀物癖者自然也有「戀物版」。甚至還有「wet and messy」愛好者的聚落，「wet and messy」是指將各種黏滑之物塗抹在身上的性愛遊戲。有SM癖好者也在這裡插上了他們的旗幟。SM是「Sadism & Masochism」的縮寫，意指「虐待者與受虐者」。在這個圈子中有S和M的區別，前者稱為「主人」或簡稱「主」，後者稱為「奴隸」或簡稱「奴」。這種區分也導致了癖社群的區分，「女王」版即是專為女主，

即女性虐待者所設的版。容易愛上年紀比自己大許多的男人的女生，有她們的「好把拔」版（「把拔」爲「爸爸」之諧音）。戀童癖者在網路上也有他們的聚集地，這個圈子稱喜歡的小女生爲「羅莉」或「羅莉塔」（Lolita），這是源自納博可夫（Vladimir Nabokov）的小說《Lolita》。對羅莉塔有癖好的男生則稱爲「羅莉控」（Lolicom）。尋找各種癖好性伴侶的交友版，在這種BBS上當然也少不了。

新部落時代

以上林林總總網路上的性癖好社群，讓人充分體認，甚麼癖都可以成群。值得注意的是，上述種種在實體世界中仍具有爭議性，不會輕易曝光的性癖好社群，並非到了網路上便百無禁忌，甚麼都可以談。通常他們會有由版主主導制定的規範和禁忌，違者會被刪除文章，甚至被「浸水桶」，亦即禁止其張貼文章。網路雖在某種程度上是一個匿名或化名的世界，但是網路上的許多場域是公開的，什麼樣的人都可能出現，爲了避免衝突，以及維護本身的形象，網路上的癖社群制定規範是很容易理解的事情。然而癖本身的特殊性，以及網路癖社群立下的規範、限制，也使處於網路公開場域中的癖社群，獲得了程度不一的對外阻隔性。因此，網路看似所謂的公共領域，但其實這是一種裂解的、隔閡的公共領域。要曉得，後現代公共領域的特色即在於，個人可以於其間任意選擇，然而正是此種選擇的自由造成了後現代公共領域的裂解。

我們知道，傳統上認爲公民社會（或譯「民間社會」）的基礎之一是所謂的公共領域。然而公民的意義在變，或者說公民一詞是多義的。如前所述，在當代較先進的社會如台灣，個人化使生活風格和癖越來越重要，而生活風格和癖經常與消費有關，所以我們的社會已經是一個消費者社會。學者Maurice Mullard認爲，公民的涵義之一是「消費者公民」。消費者公民不再附屬於社群、傳統、權威或制度，而是生活於一個後傳統、後匱乏的社會，在此一社會中，生活政治取代了現代性的解放政治。消費者公民生活在一個需求和欲望持續轉變的世界，因此沒有甚麼是本質的和基要的，有的只是持續的評價和自我反省。生活政治亦即「生活風格的政治」（politics of lifestyles），強調差異和個人認同的探索。消費者公民從公共領域中退隱而出，蟄伏於各種新型部落，而每個部落都各有各的調。

網路上的癖世界即是高度部落化的世界。在公開的網路空間中，部落與部落間的區隔有可能導致視野的狹隘化、彼此的不理解與不寬容。而網路上的各種社群，尤其是癖社群，能夠只依照內規各行其事嗎？還是我們需要一種類似於「普世人權」的網路上的共同價值觀？癖社群的獨特性和自我規範性是可許的，然而網路上的普世人權也是不可缺的。前面我們提及的各種性癖好社群，無不設法建立其正當性、正常性，並有其自尊和自重，不時且會像外界發出眞情告白。然而某些性癖好，如網路援交或對羅莉塔的愛戀，仍不爲法律或道德觀所容忍。對某些性或其他癖好的限制甚至處罰，可能也有基於普世人權的理由。我們當然都不樂於見到像網路自殺社群這樣的負面癖社群的存在。因此，性癖好及其他網路癖社群的道德界限在哪裡？是要好好拿捏的問題。

本文作者爲國立交通大學通識教育中心副教授

就是非如此不可

將「怪癖」用「習癖」來取代，再來檢視每個人，就可以發現，千百個人，
就有千百種癖，即使「大癖沒有」，也會「小癖滿地」。

文—莊琬華　圖—張碧倫

天才如愛因斯坦，對於自己卓越的思想，亦不歸諸於天分，而是來自於「好奇、沉迷、頑強的忍耐，結合自我批判」（curiosity, obsession and dogged endurance, combined with self-criticism）。「obsession」，是對某事的著魔、沉迷，可以「癖好」來表示，不過，在一個公開場合中，如果有人問「你有什麼癖好？」絕大多數人都會斷然否認「我沒有癖好！」好像有某種癖好是見不得人的事情，因為往往談到癖，都會與「怪」結合在一起。

作家之怪，不勝枚舉，藝術家之怪，亦所在多有，這些異於常人的習癖，往往與他們的傑出表現相輔相成，也造就了他們令人無法忽視的存在。

比方說，有些作家，在進入書寫文字之前，必先進行一些準備，柯裕棻在《恍惚的慢板》中就自言道，寫作之前，必先用尤加利味道的香皂洗澡、穿上黑色棉質的寬大T恤，並且戴上髮箍和眼鏡，更嚴重的是，她只能在家裡的電腦螢幕上工作！古典劇作家高仍依（Pierre Corneille）喜歡裹著一毯粗呢被，然後在加熱的房間地面上滾到出汗為止，才開始寫作；法國作家菲力普・貝松（Philippe Besson）有間私人寫作室，如果任何人未經允許擅自出入，或者偷瞄他尚未完成的手稿，就會惹得他大發雷霆；無獨有偶，寫出《非關命運》的諾貝爾文學獎得主因惹・卡爾特斯（Imre Kertesz），也有一間只屬於他個人的寓所，他每天八點起床，到這房子裡，一直寫作到下午四、五點才出來，這地方連他的妻子也未獲准進入。

我癖故我在

維吉尼亞・吳爾芙（Virginia Woolf）的怪癖表現在她對陌生人的關注，不管是在火車車廂中，或者逛街購物、散步的時候，遇上陌生人，她總會開始幻想，層層疊疊構築出那陌生人的一生。在她的作品中，常有這樣的例子，像在一篇文章中她如此寫：「母與子，你們在哪裡？你們為什麼要走在街上？今晚你們會在何處歇息，然後，明天呢？無論我到何處，神祕的人物，我都看見你們。」（《吳爾芙》，John Lehmann, p29）這也難怪她在九歲的時候，就可以在自辦的期刊《海德公園大門新聞》（Hyde Park Gate News）上創作小說，她對於人物、週遭的感受能力，加上澎湃的想像力，固然是她後來精神不堪負

荷的原因之一，同時也是她創作的重要元素。

　　相對來說，一般人對於每天擦身而過的陌生人，別說去想像他們的生命樣貌，基本上，連一分鐘的關注可能都沒有，除非是突然看到某種特別異於平常的物體，比方說，怪物。達文西就喜歡將自己做的蠟製怪物模型，或者用充氣的鳥內臟製造恐怖效果，放到某個地方去嚇人，這不是出於他童心未泯，而是他想要觀察人們驚恐的表情，特別是嚇得變形的臉，然後拿出隨身攜帶的速寫本畫下來，這習慣他可是持續了好些年。

　　惡作劇有時候會惹人不快，而賴床貪睡，更一定會惹惱父母或者師長、老闆，但是說了一句名言「我思故我在」的哲學家兼數學家笛卡兒，就有賴床的癖好，不過他賴床，不是處於迷迷糊糊的昏睡狀態，而是用這些時間來思考。相傳，某天他跟著軍隊到達萊茵河畔，休息的時候，他開始在被窩中思考關於「位置標示」的問題，卻冷不防的被人踢了一腳，原來是排長正在罵他懶鬼。但是在他腦中卻浮現出直角座標系的標示方法，X軸、Y軸與正負向標示，解決了他一直苦思不得其解的難題。這一座標系，讓變數進入數學、物理、化學、天文等領域，一切運動過程，都可以在座標系中得到適當的描述與表示。

癖多人不怪

　　現在許多傑出的音樂家以「顛覆古典」而受到喜愛，但是，二十世紀公認詮釋巴赫作品無人能出其右的鋼琴家顧爾德（Glenn Gould），卻因為顛覆古典而受到觀眾或者樂評人冷言，在那個音樂會要求盛裝打扮、舞台儀態與演奏技巧一樣重要的時代，他偏偏在上台演奏時衣冠不整、滿頭亂髮，每場演出必帶著一張父親特製的破舊低矮木椅，這椅子還不時發出咿呀聲，「毀了」許多次他精彩的演奏錄音。他也愛隨性地跟著音樂吟哦、甚至手舞足蹈地彈奏，或是突發奇想的詮釋樂曲，常讓人瞠目以對，及至後來，有些樂評人認為顧爾德「似乎神智不清，已經不適合出現在公眾舞台」。顧爾德成名早，卻也在三十二歲的高峰宣布退出舞台，轉而進入錄音室追求音樂的極致，與外界少有往來，即使他外出時，不論寒暑陰晴，他也一定戴帽子、穿大衣、披圍巾、戴手套，把自己裹得密不透風。但是他的音樂，依然令人著魔。

　　這些癖固然特殊，但是，細細檢視，其實每個人多少都蘊藏了某些癖，只是表現方式不同。一個宣稱自己無癖的人，可能有兩種狀況，一是不覺得自己的行為是種癖，一是不希望自己被當成怪人。如果，將「怪癖」用「習癖」來取代，再來檢視每個人，就可以發現，千百個人，就有千百種癖，即使「大癖沒有」，也會「小癖滿地」。

　　可以這麼說，「習癖」是個人種種策略及生活方式的實踐，具體而言，個人的衣著、飲食、休閒活動及交往的朋友，都有其習慣性的一面，而癖好和社會地位也相因相息（《當代文化理論與實踐》，蔡源煌，1996）。這些習癖的存在，往往成為每個人的生活力量泉源，亦是自我的終極展現。

你是哪一種性愛癖？

王爾德的名言：

「藝術不模仿人生，人生模仿藝術。」

偉大文學作品中的角色設定，

與其說是仿製現實角色的描寫，

不如說是揭露了人類性格的原型。

由性愛未啓、

情愛和諧、

性愛氾濫到性愛扭曲，

本測驗幫你藉由日常生活的小習慣，

找出你在性愛光譜中的落點位置！

文—繆沛倫

圖—Beatniks

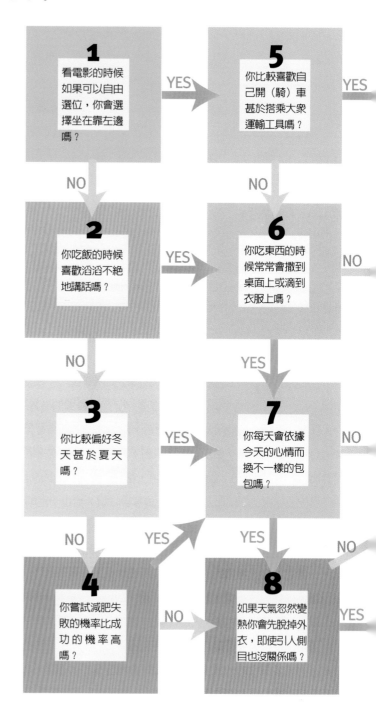

1 看電影的時候如果可以自由選位，你會選擇坐在靠左邊嗎？

2 你吃飯的時候喜歡滔滔不絕地講話嗎？

3 你比較偏好冬天甚於夏天嗎？

4 你嘗試減肥失敗的機率比成功的機率高嗎？

5 你比較喜歡自己開（騎）車甚於搭乘大眾運輸工具嗎？

6 你吃東西的時候常常會撒到桌面上或滴到衣服上嗎？

7 你每天會依據今天的心情而換不一樣的包包嗎？

8 如果天氣忽然變熱你會先脫掉外衣，即使引人側目也沒關係嗎？

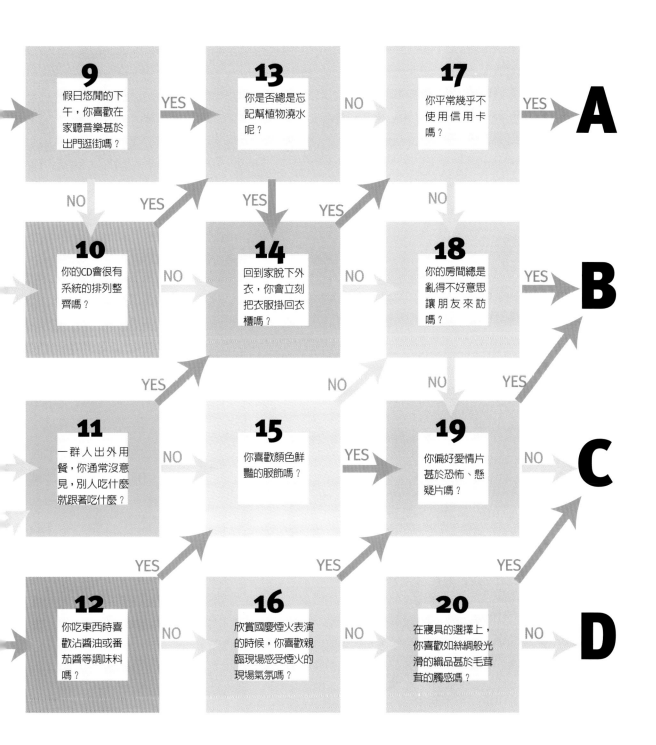

9
假日悠閒的下午，你喜歡在家聽音樂甚於出門逛街嗎？

13
你是否總是忘記幫植物澆水呢？

17
你平常幾乎不使用信用卡嗎？

A

10
你的CD會很有系統的排列整齊嗎？

14
回到家脫下外衣，你會立刻把衣服掛回衣櫃嗎？

18
你的房間總是亂得不好意思讓朋友來訪嗎？

B

11
一群人出外用餐，你通常沒意見，別人吃什麼就跟著吃什麼？

15
你喜歡顏色鮮豔的服飾嗎？

19
你偏好愛情片甚於恐怖、懸疑片嗎？

C

12
你吃東西時喜歡沾醬油或番茄醬等調味料嗎？

16
欣賞國慶煙火表演的時候，你喜歡親臨現場感受煙火的現場氣氛嗎？

20
在寢具的選擇上，你喜歡如絲綢般光滑的織品甚於毛茸茸的觸感嗎？

D

YES / NO

情竇未開的：小王子

　　外表保守，內心渴望愛情是你的寫照，這種對於性的未知與對愛的嚮往，正好符合《小王子》主角的性格。法國作家聖‧修伯里在1945年出版的《小王子》可說是這五十年來最具代表性的寓言故事。故事的主角小王子住在一個不比一間房子大的星球上，為了追尋一朵心愛的玫瑰花，從一個星球漫遊到另一個星球。

　　對於性愛還在啓蒙階段的你而言，對愛情的幻想遠比實際上床要來得重要。過分執著的苦戀放在小說中固然浪漫，把它印證到自己的人生不免有點悲慘。不妨效法小王子，敞開心胸試著走出自己的星球，不但可以找到愛情的真諦，還可以發現在這個世界上，除了玫瑰之外，這個世界還有各種美麗的花朵。

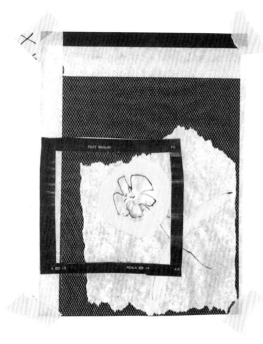

追夫成功的：B.J.小姐

　　在情場上屢戰屢敗、屢敗屢戰的你，看到《B.J.單身日記》的女主角每天立志要甩開爛情人時，是不是深有同感呢？自從海倫‧費爾汀創造了《B.J.單身日記》中迷人的女主角布莉姬‧瓊斯後，這個傻呼呼的小胖妹儼然成為三十多歲現代女性的典範。她迷糊、沒自信、有個嘮叨的老媽，但她樂天、溫暖、永遠相信明天。

　　在情路上越挫越勇的你而言，保持迷糊、樂觀與少聽爸媽的嘮叨是必要的心理建設。此外，想得太多是你的致命傷，不妨丟開勵志叢書，多看看有關裝潢、服飾、化妝等實用美學的書籍，多一點操作少一點理論，相信當真愛來臨的時候，你會呈現最迷人的那一面。

縱情性愛的：西門慶

　　要當個情聖可不容易，古人稱之為「潘、驢、鄧、小、閒」，身為情聖的你想必深得其中三昧，而《金瓶梅》中的西門慶更是上述五者俱全的代表。《金瓶梅》是中國文學中少有描述男女情慾的作品，其豐富的文學價值及影響力，與《水滸傳》、《三國演義》、《西遊記》合稱為「中國四大奇書」。書中主角西門慶固然貪淫好色，而且最後縱慾而死，但是從另一個角度來講，他也可以說是盡享食色歡愉的風流鬼。

　　對於有條件有本領縱慾的你而言，玩得盡興固然要緊，適可而止不但可以增加下次玩樂的興奮程度，而且可以讓你玩得更長更久。平日飲食不妨一週抽出幾天固定吃生機食品或健康素食，不但有益身體健康，而且可以平息過度的慾火，一舉兩得。

情慾激盪的：羅莉塔

　　遊走於性的激情與禁忌，你是不被了解的一群。即使壓抑與不倫如《羅莉塔》書中主角的扭曲，在文學作品中，你依然不會孤獨。發生在一個四十歲的中年男子與一個十二歲女孩之間的不倫之愛，拉迪米・納博可夫的小說《羅莉塔》不僅有著豐富的文字意境，題材的奇特與禁忌，也一度使本書成為禁書。

　　對於性愛形式特殊的你而言，或許情慾於現實法律及社會道德不符，與其強自壓抑，不如將這股強大的情慾轉化提升至藝術的創作上。在藝術世界中，或許你也能創作出如諾貝爾文學獎得主艾芙烈・葉利尼克的《鋼琴教師》般撼動人心的作品。■

本文作者為占卜師、文字工作者

其人有癖，方爲大家——

關於癖的「能量」

癖，特殊之愛，給人帶來的可能是甜美歡愉的心滿意足，
也許是終其一生無能完滿的遺憾，不管何者，都成了驅使人追求極致的力量。
古今中外，能留名者，莫不有其特殊之癖。以下諸人，是爲證。

文―莊琬華
攝影―王嘉菲

孤注一擲的航空鉅子

「那麼好玩的事情，當然要我自己
來！」年輕的他，在一切未知的狀況下，要登上那看起來
像是機器怪物的鐵製飛機，週遭的人，莫不爲他捏把冷汗。但是，站
在自己設計、建造的飛機之前，興奮之情讓他完全無視於可能發生的危險，甚
至突破了時間與空間的限制，自在地盤旋空中。在一次試飛中他墜機，雖然沒有因此
而喪命，卻留下一身病痛，也幾乎喪失聽力。

這是當時依然年輕的富豪霍華·休斯。他有一些怪癖，例如，只喝沒開過的牛奶，因爲對
手故意在酒杯上留下一枚指紋而導致心病發作，但是，他對於飛行的執著，卻叫人嘆爲觀止，十五
歲開始學開飛機，一生中對於飛行的熱愛未曾熄滅，他的數學與機械才能，成了實現他的飛行夢裡的
重要力量，當然，不虞匱乏的財富，也是他的優勢。2002年，南非富商沙特爾沃思接受太空人訓練而
以兩千萬美元的代價上太空，一樣是富可敵國的霍華·休斯，卻是運用自己的頭腦與毅力，親自駕駛
自行設計的飛機，打破世界飛行紀錄，並建造出當時體積堪稱世界第一的巨無霸飛機「Spruce
Goose」。

霍華休斯在1939年買下搖搖欲墜的環球航空公司，並打敗獨占美國市場的波音公司，率先提
供橫越大西洋的航線，他也因此成爲美國第一位億萬富豪。到1966年被迫賣掉環球航空之後，
他轉向拉斯維加斯，將賭城飯店正式帶入企業化的經營，但是到了1970年，他又買下西
北航空，並改名爲休斯航空（Hughes Airwest），再度進入航空業。

只是他因爲強迫性官能症日趨嚴重，後來幾乎過著隱居生活，但他麾
下有一組團隊「The Mormon Mafia」，專門爲他處理各種事務，包
括一些荒謬怪誕的要求，而他自己就關在飯店的閣
樓裡，直到去世。

風裡的繽紛

在《紅樓夢》第二十二回中的探春做的燈謎：「階下兒童仰面時，清明妝點最堪宜。游絲一斷渾無力，莫向東風怨別離。」答案就是曹雪芹隱藏在文學創作之下的另一項才能──風箏創作。在書裡面，出現過大紅蝙蝠風箏、一連七個大雁的風箏、軟翅鳳凰風箏，還有賈寶玉的美人風箏，林黛玉也有個風箏，只是她的風箏放到線全盡了，被紫鵑用把小剪刀剪斷，並嚷嚷著「這一去把病根兒可都帶了去了」，透過這種方式，希望林黛玉能夠身子骨好些。

做風箏、放風箏，是曹雪芹從小時候就喜歡的遊戲，他曾經跟一位師傅學習如何製作風箏。到了家道中落之後，他以賣畫為生，卻還扎糊一些風箏，後來陰錯陽差的幫了一位殘疾的朋友，得以賣風箏維持家計。曹雪芹除設計新的譜式，並且開始整理自古以來跟風箏相關的資料，以及搜羅其他人的製作經驗，費數年寫成《南鷂北鳶考工志》一書，書中詳細解釋放風箏的原理，也講了風箏的種類和製作方法，例如在寫如何扎燕子，他做成歌訣：「眉心嶺文翠點碧，眸外花顏紅潤玉，鬢雲覆頸襯玉領，細指捧心逾增妍。……」在此書附錄一文〈瓶湖懋齋記盛〉，是曹的朋友敦敏所寫，記錄曹雪芹放風箏的厲害，說他能讓「風鳶聽命乎百仞之上，遊絲揮運於方寸之間」。

此書曾一度散佚，後來，遇上北京一孔氏族人，全家以風箏為業，因緣際會得以傳抄此書，才教曹雪芹之心血能夠流傳，現在孔家在北京還以「曹式風箏」博名於世界。

文人的盛宴

如果談到操弄情色故事、各色食材和春藥的宴饗，

再綜合眼、耳、鼻、口、身、心、意等諸種感官而成就的文學大作，

就不能不提日本作家谷崎潤一郎。

「谷崎潤一郎已經超越用舌頭品嚐料理的範圍，把身體所有器官當作觸手來品味。

味覺不僅是舌頭上的感覺，更是充滿官能，奏響甜美旋律的惡魔性儀式。……對於谷崎而

言，理想的料理比鴉片更為墮落可畏，又宛如暮春夕陽般徜徉的時間，與其說是料理，不如說是

魔法的領域。」（《文人的飲食生活》，嵐山光三郎，p.212）在他所寫的作品中，不乏這樣的例子：

「胡琴的琴弓越來越急，發出掐住女孩咽喉的刺耳聲響，就像龍魚腸的鮮紅色澤和強烈口感。……忽然

轉為嚙著淚水的哭聲，緩慢而沉重，連綿平穩的曲調，彷彿深深沉澱滲入舌根，怎麼都舔不到的味道。令人不

禁想像紅燒海參的濃厚羹湯。」（《文人的飲食生活》，p.214）胡琴的樂音，轉變為女孩的嗚咽，再化成食物的色

澤與味道，鋪陳出帶有魔幻的意境，也勾引出讀者一嚐美食的渴望，比之金庸寫黃蓉的拿手料理，除了可口之

外，更多了人性之慾的展現。

用筆桿雕塑的技藝

著名學者及作家錢鍾書有令人稱羨的記憶力，學識淵博，著有《談藝錄》、《管錐編》等巨著，可是他家中藏書

少得讓人訝異。不過錢鍾書卻留著許多的讀書筆記。筆記上中、英文夾雜，密密麻麻，或是摘出精華，或是指出謬

誤、寫下心得。早年他在清華讀書時，是不做筆記的，但卻喜歡在書上用又黑又粗的鉛筆劃下佳句，加上評語，

清華圖書館的許多書籍中就留有他的閱讀痕跡。楊絳女士在一次訪問中談到錢鍾書讀書時做筆記的習慣，是在

牛津大學圖書館（Bodleian——錢鍾書譯為飽蠹樓）時養成，因為那圖書館的書不能外借，讀者只能帶著筆記

本與筆進入，且不准在書上留下痕跡，所以他做筆記做成了習慣。日後錢鍾書全家居所不定，因此他也沒

有藏書的習慣，多從圖書館借書回來，每每讀書就寫下諸多筆記，即使他被下放河南，還是隨身攜帶

筆記，有空時就翻閱。在《錢鍾書手稿集》序中楊絳說這些筆記「從國外到國內，從上海到北

京，從一個宿舍到另一個宿舍，從鐵箱、木箱、紙箱，以至麻袋、枕套裡出出進進」。

錢鍾書的《管錐篇》可說是學者們架上必備的書，寫作體例也是箚記形式，其

中引用了大量英、法、德、意、西原文，據統計，超過百萬字的內容，包

括四千位作者的上萬種著作中的數萬條書證，都是平時累積筆記

方能竟其功。　　　　　　　　　　　　　■

永續

掌握世界的變動節奏，拉近人文和經濟的落差，
以利他的理念，落實企業的經營和社會的責任。

保育

永豐餘 http://www.yfy.com

奈米、生物科技透過e化的平台，不斷地在造紙、印刷、顯示等產業
創新服務，共創優質生活的未來。

瑾當年小喬
初嫁了。雄姿
英發。談笑
巾。羽扇綸
檣櫓灰飛
滅，故國神遊煙，
多情應笑我，
早生華髮友人
生如夢一尊
還酹江月。

蘇東坡（念奴嬌‧赤
壁懷古）大江東
去，浪淘盡，千古
風流人物。故壘
西邊，人道是故
三國周郎赤壁。
亂石蹦雲，驚
濤列衣岸，卷
起千堆雪。江山
蘇如畫，一時多

執‧王瑪懷

有爲者亦若是。
——顏回

從新手到專家——
一個Blog癖者的自述

文—李易修　攝影—蔡志揚

什麼是Blog？

　　當一個新名詞產生的時候，我們總是急著要為這個字下定義，心裡才覺得踏實。所以，先簡短介紹Blog這個字。Blog在台灣被翻作「網誌」或「部落格」，在大陸則譯為「博客」。根據維基百科（Wikipedia）上的解釋，Blog源自於Weblog，是網上日誌的意思。

　　Weblog原先是指網路伺服器運作時所自動產生的紀錄，後來Weblog被用來指一種特別的網路個人出版型式，獨立自主、更新容易、富有個人特色，簡稱為Blog。

　　一般的Blog通常讓最新的文章排在最上頭，時間久了就會自動被放在彙整當中。每個人都可以在文章放上去之後利用迴響功能發表意見，或是在自己的Blog上引用這篇文章，讓這個議題的討論延續下去。

　　其實我認為這些定義是什麼並不那樣的重要。最重要的是Blog是一個能夠讓作者把重心放在內容，而非技術的個人發表平台。　➤

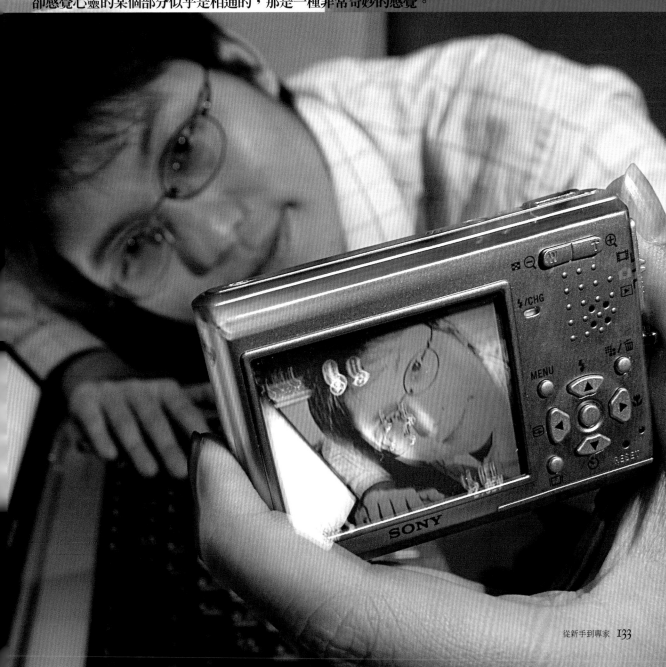

偶然間如果有機會遇到Blog的作者，我都會有種熟悉的感覺，雖然沒見過面也不認識這個人，
卻感覺心靈的某個部分似乎是相通的，那是一種非常奇妙的感覺。

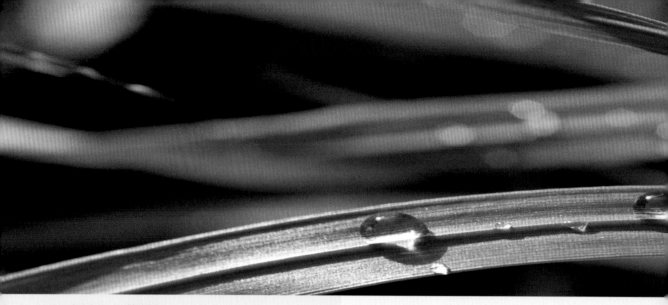

BBS與個人網站

　　早在我還不知道Blog是什麼的時候，就有把自己每天看到的有趣資訊記錄下來和大家分享的習慣。

　　我最早在網路上的發表平台是一個手工打造的個人網站。這個網站是為了和同學分享我上攝影、暗房和視覺心理學等課程的心得或是相關資料，因為必須要直接編輯HTML，所以通常一兩週才會更新一次，不過也因為更新頻率較低，所以內容會比BBS上的完整。當初把自己整理的筆記完整的放在網路上，是希望其他一起修課的同學也能把他們所知道，但是我不知道的部分告訴我。一個學期之後，老師要大家把筆記交出去作為學期成績的評定標準，不過我發現竟然有許多人是直接把我的網站內容一字不漏的完全當成自己的筆記，後來成績發布的時候，一些同學的分數居然比我還高，我心裡十分難過，感覺自己的學習成果被偷走了，當天晚上就把網站下線。不過事後想想，這些分數也不算什麼，只有腳踏實地閱讀、整理，最後一字一句寫下來的知識才能真正的印在腦袋裡。

　　經過個人網站上內容被剽竊的事件，我有好一陣子都提不起興致在網路上發表文章。不過一年之後，我還是開始繼續在網路上寫東西，因為知道什麼有趣的新玩意不和別人講，對我而言是很痛苦的事情。於是我在系上的BBS上建立了個人版，繼續寫。裡面的寫作形式和文章內容，和現在我在Blog上的寫作方式滿類似的。通常都是看到精彩的網站之後，就在BBS上把連結貼出來，寫上簡短的評論或介紹。不過內容只有系上的同學們才看得到，所以能夠和我一起討論、分享的人實在很有限，不過滿足了我部分的發表慾。

　　上了研究所之後，因為課業繁忙，就慢慢的荒廢了BBS個人版。不過我樂於和研究室的同學分享我每天的新發現，無論是某個想法、很酷的遊戲、看了會發出「哇！」驚嘆聲的網站。他們的反應能夠給我很大的滿足感，也能讓我有更多的想法。

↓ 第一次和Blog的相遇

　　我是從研究所同學Jimmy的口中第一次聽到Blog這個名詞的，只是當時並沒有去了解到底Blog是什麼。其實後來開始寫Blog之後，才知道我寫論文時常常去看的一些網站都是Blog。研究所畢業之後，為了填補當兵前的空檔，我和兩個學弟參加了一項無線通訊軟體大賽。由於我已經畢業回到台北，兩位學弟則還住在學校宿舍，要討論比賽的事情並不方便。我以為Blog會是這個問題的解答，於是申請了虛擬主機，在上面安裝了一套當時最流行Movable Type（一套網誌出版工具），

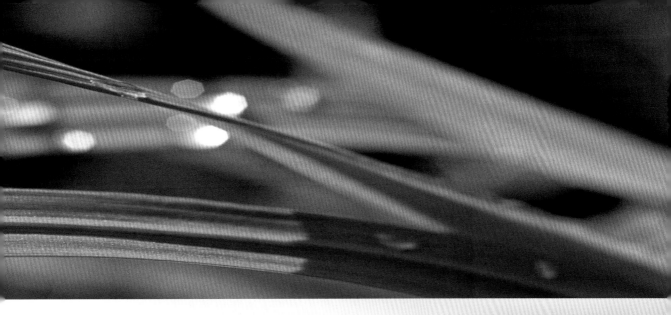

2003年8月開始我的Blog歷程。於是每當程式的開發有所進展，或是找到了相關資料，我就馬上到這個為了專案管理所設的Blog上。在專案進行的過程中，我第一次體驗到原來在網路上能夠這麼容易的發表、分享資訊，最後我們也順利得到第三名。由於這個Blog原先只是作為專案管理用途，我並沒有對外宣傳。於是當我發現我在Blog上記錄一些軟體上的問題之後，居然有熱心的網友利用迴響功能提供解決方案，那種立即的回饋是我在以前經營個人網站時從來沒有的，這令我十分的驚訝。於是比賽結束之後，我決定繼續Blogging。

↓ Blog作為一種學習工具

在Blog卸下專案管理的任務之後，我決定把Blog當成我的學習筆記，持續關注我感興趣的Flash、酷網站、使用者介面、行動裝置等相關議題。一開始寫的時候，感覺就真的只是在網路上做筆記而已。慢慢的開始有一些固定的讀者，會對我發表的內容提出一些看法，或是補充一些我沒講清楚的部分。之後甚至有讀者會直接把我可能會有興趣的資訊透過留言、MSN或是e-mail的方式告訴我。這些資訊大部分對我都是很有幫助的，這就好像到處都有我的眼線，二十四小時幫我緊盯著我關注的議題。其他的Blog經過一段時間的經營，一定也會有另一群讀者幫忙緊盯該Blog所專注的主題。於是若是要了解某項議題，只要逛過幾個主要的Blog，就能夠大略知道最近該領域在討論什麼，有什麼最新的消息。因為這些Blogger都是長期致力於同一主題的寫作，所以大部分的情況下，我認為可信度甚至會比傳統媒體上的報導更高，速度也更快。加上迴響與引用功能，能夠讓討論的歷程得以完整重現，這些特性使得Blog成為優秀的學習工具。

我自己寫Blog，當然也會去讀別人的Blog。我發現當我長期閱讀同一個Blog之後，偶然間如果有機會遇到Blog的作者，都會有種熟悉的感覺，雖然沒見過面也不認識這個人，卻感覺心靈的某個部分似乎是相通的，那是一種非常奇妙的感覺。往往通過這樣的關係，能夠交到非常要好的朋友。生活週遭的人所不了解的話題，都可以和他講。而關注著同一個主題的Blogger，往往也會變成一群一群的。而一個 Blogger很可能同時屬於不同的群落。所以認識了一個屬於不同群落的Blogger之後，往往就能認識更多和這個Blogger有類似興趣的朋友。經過這樣的連結之後，一下子就能認識很多人，當你有問題要找人問的時候，往往很快就能夠透過這樣的人際網路，找到專家。

↓ 資訊的收集

　　一開始我每天也是用瀏覽器一個Blog一個Blog的逛，不過隨著關注的議題越廣，從 Flash到行動裝置，再延伸至行動服務，每天必讀的Blog數量也越來越多之後，就算我用的FireFox瀏覽器可以一次開啓十多個不同的Blog，也慢慢的感覺吃不消。後來，發現了所謂的新聞聚合器（News Aggregator），一種把類型相關的Blog內容聚合在一起的網站，比如FlashAnyWhere（http://www.flashanywhere.net）就是收錄了中文的Flash相關新聞。這種類型的網站，能夠滿足我對資訊的渴求，於是我逛Blog、搜尋新知的方式改變了。我不再是一個Blog、一個Blog逛，而是先到新聞聚合器（如前面提到的 FlashAnyWhere 或 Macromedia XML News Aggregator〔http://weblogs.macromedia.com〕、Oui-Blog〔http://www.oui-blog.com〕）上面掃瞄標題，遇到有興趣的文章，就先開在別的Tab裡面，最後再一篇一篇細讀。這樣的閱讀我維持了一陣子之後，又發現這些News Aggregator已經無法滿足我的需要了，因為我想讀的不只是別人幫我選擇好的新聞來源而已。

　　在這個時候，我想起了之前一直沒被我看在眼裡的RSS，或許能夠解決我的問題。問過Google大神之後，我終於知道RSS和推播技術（Push Technology，將Web內容直接送到使用者電腦中）是完全不同的東西，因為RSS的主控權在讀者手上，如果覺得內容

不合口味，隨時可以取消訂閱。RSS也不會像之前的推播技術，一有新內容就直接傳到你的電腦裡，而是讓你有時再去收就好了。我知道這就是我需要的東西。於是我開始用Central Blog Reader，發現管理、備份Blog清單和知道哪些文章已經閱讀過都不是一件簡單的任務，所以用了一段時間之後還是放棄了。

　　最後我朋友介紹我使用Bloglines（http://www.bloglines.com）這個線上的RSS閱讀服務。這個服務的好處是我不需要安裝任何軟體，我隨時可以從任何一台電腦或是PDA連上我在Bloglines上的頁面，哪一篇文章閱讀過、哪一篇沒有，都會被記錄下來，這就是我要的。到目前為止，我在 Bloglines上面已經訂了五百多個RSS Feed，雖然能夠一次看到所有的標題，但是資訊爆炸的問題依舊沒辦法完全解決，還是只能跳著看。不過已經能夠讓瀏覽的效率大幅度提升。或許還需要某種評等機制，在各個標題上加上重要程度才可能解決資訊爆炸的問題。

↗

↓ 資訊的整理

當我在別人的Blog上看到我需要的文章之後，我會依照重要程度做不同的處理。有點重要，但是暫時還用不到的內容，我都會存到Furl（http://www.furl.net）這個線上書籤。如此才能在我需要這個連結時，在任何連上網際網路的電腦上隨時找到我要的書籤。萬一那個網頁已經不存在了，我還能夠在Furl的網頁存檔裡面看到當初記錄時的內容。如果是馬上就可以派上用場的資訊，我會先把書籤存到Furl上，再把連結和我標題貼到Blog上，但是這樣未經處理的資訊我是不會馬上發布出去的。等到當天較有空時，我會把尚未發布的草稿拿出來整理，先用Google查詢相關資訊，對內容比較了解後，再加上個人的心得或看法，最後才發布到Blog上。如果找到其他相關的內容就隨時更新，盡量保持每篇文章的資訊都在最新的狀態，方便自己，也方便讀者。

繼續Blogging

從開始Blog到現在累積的瀏覽人次已經超過一百萬，雖然說不是要靠流量來賺廣告費，不過成就感實在難以言喻。開始Blog之後，為了尋找寫作的材料，每天看的資料更多了，無論是網路或是書，想的也更多了，感覺視野也比之前開闊許多。而透過Blog，我也認識了很多的好朋友，現在Blog似乎已經完全融入我的生活當中，每天都要寫上一篇，每隔幾個小時就要去看看有沒有人留言。看來我的Blog癖還會繼續下去。

本文作者為「阿修的部落格」站長

一個「孫子癖」的誕生——朔雪寒的故事

走在路上，你不會發覺這個戴著耳機的六年級後段班生和時下年輕人有何差別。轉個身，他卻變成了探討兵學網站「天策府」的掌門人，朔雪寒。這是個古典的化名，他迷上了另一個傳奇的古人，孫子，進而成爲《孫子兵法》的專家。這個從來不是一般人、尤其是年輕人感興趣的世界，究竟有何魔力？朔雪寒是如何走下去的？

採訪整理—藍嘉俊
攝影—徐欽敏

　　在鄉下長大的我，可選擇的休閒並不多，看武俠小說成爲最大的樂趣。既然對武學著迷，那麼應該讀一讀鼎鼎大名的《孫子兵法》吧！我存了錢，買下它，但發現有很多地方看不懂，包括寫在書最前面的，連作者到底是不是孫子，本身就有很大的爭論。

爲孫子抱不平

　　我起了一個念頭，將來一定要弄清楚這本書，當時，才十三歲。我並不知道，透過這扇門，接下來會進入了一個多麼龐大的中國古籍世界。

　　後來逐漸了解《孫子兵法》，我發現有一件事非作不可，那就是替孫子打抱不平。兵法，在中國是不被重視的領域，被批評是詭詐之道。尤其儒家對它更有嚴重的偏見，儒家被獨尊之後，也影響了後世人的認知。但實際上並不是這樣，兵法是爲了避免紛爭、解決問題的，背後有很多高明的哲理在。此外，有學者懷疑《孫子兵法》不是孫子所寫，甚至懷疑其人是虛構的。孫子當然不能從墳墓裡爬出來替自己講話，但我一定要幫他澄清。

　　《孫子兵法》裡面的學問太大，我必須先打好國學基礎、補充相關的知識，才能眞正讀通。關於國學研究的書，大陸方面提供了更多更好的選擇。我從小就愛逛書店，有天翻到一本書裡的小廣告，介紹了一些大陸書，很符合我的胃口，就打電話去問。老闆是一個七十多歲的人，聽到是這麼年輕的讀者，很高興，在電話中一聊就是半個小時。於是，早在國中時期，我就開始摸索讀簡體字書了。

單打獨鬥的個性

我接觸的書越來越多，即使重考時也還在看課外讀物。大學聯考歷史科的題目我都會，可以拿高分的，但成績出來卻不及格，因為聯招會依據的是所謂的「標準答案」，而其實很多歷史看法都已經被修正了。那無所謂，在學校時我就曾因指正國文老師的錯誤而提出《馬氏文通》，一本中國最早講文法的書，結果老師沒聽過，回去問同事也不知道。太多東西是學校不會教的，所以，我一切都靠自修得來。

每個人都有自己的性格、喜好與價值觀，像我，一直以來都是孤獨的人，凡事習慣單打獨鬥。我對玩沒什麼興趣，不愛結伴外出，覺得那很虛幻。我喜歡閱讀，追求智慧，用自己的方式來吸收知識。

在和孫子及那些古人的對話中一定會產生許多疑問，但我不急著找答案，有些疑問可能要等個三四年。看的東西多了，條件夠了，思想成熟了，答案自然就會跑出來。

練功的方法

閱讀好比練功，那麼這些年我是如何練功的呢？

首先，要挑一個好的閱讀環境，摒除外界的干擾，這樣才能專心進入書中的世界。我離家到台南念書後，有了完全屬於自己的時間及空間，效率大增。再來是要有正確的思維，隨後的累積才有意義。以研究孫子為例，一開始的思想觀念很重要，我會先看邏輯學的書，建立正確的邏輯概念。有些書的論述根本是前後矛盾，如果是這樣，就算花再多功夫蒐集資料也沒用，因為一開始的大方向就錯了。花時間看完一本爛書是很痛苦的，所以挑書很重要，經過了多次教訓後，書自然就會越選越仔細、越挑越好。

書買下來後，不用急著去看，因為這樣的效果有限。我會等一系列的書都準備得差不多了，才集中精力，質量並重的一次看完，再配合相關的書籍，如此必然事半功倍。

像針對孫子這樣主題性的閱讀，背後的脈絡及基礎知識掌握是不可或缺的。所謂基礎知識，除了先前提到的邏輯學之外，還有語言學、訓詁學、國學常識等等。脈絡的掌握，可分為橫軸與縱軸兩方面。橫軸是中國和西方與兵法有關的著作，也包括武術、棋藝等書；縱軸則以孫子所處那個時代的著作為主，找出各家之間思想的相互關係，所以先秦諸子的書就要熟讀。另外，我還架了一個兵學網站，有人來問問題，有人來踢館，為了能回應他們，我只有不斷督促自己。

如此一來，我就能確信我的推論是有邏輯可尋的，考證是完整而有憑有據的，可以很有自信的說，關於《孫子兵法》的疑惑已經解開了，對內文也通透了。

持續的熱情

花了那麼多心力研究，我覺得應該要寫一本書，把它說明白，書名想好了，就叫作《孫子兵法論正》。替孫子打抱不平變成一種使命後，需要非常高度的投入。在台南的時候，我每天六點多起床，深夜一、兩點才睡，除了上學和跑書店、圖書館之外，接下來絕大部分的時間都待那個小房間裡，假日也不休息，所做的事都和孫子有關。那時候我對網路還不熟悉，為了便於搜尋，於是作了一件很瘋狂的舉動——自建古籍的資料庫。我定了一個從先秦到北宋的年代表，凡與主題有關的資料都要鍵入，為此，我敲壞了好幾個鍵盤，打到手都發炎了。一天超過十個小時，我就重複著三件事：看書、寫書和打字，不曾讓自己閒下來。

我住的地方離圖書館、書店很遠，路程的奔波是很辛苦的，但我覺得很值得，獲得知識本來就要付出代價。台南的二、三十家的書店都被我逛遍了，有時我比那些工作人員還了解書的訊息。有些書只有圖書館才有。為了《敦煌殘卷六韜》這本古代兵書，我在成大圖書館的成堆古籍中尋尋覓覓，最後終於找到了，把它一頁頁小心印下來，一個字一個字打進電腦，公布在網站上供人閱讀。這種挖到寶的樂趣我是非常樂於與人分享的。

堅持走下去

對我來說，《孫子兵法》是個完美的藝術品，我不能接受它被人誤解。從葉適、高似孫一直到梁啓超、錢穆，這些名家都懷疑《孫子兵法》不是孫子所寫，他們大約可歸類為「疑古派」，疑古之風從唐朝就開始，延續至今。1972年，銀雀山漢墓竹簡在大陸出土，這是澄清《孫子兵法》困惑很重要的文獻，但是並沒有改變疑古者的立場。這些人有的是現任北大教授，同時是孫子兵法國際研究會會員，擁有崇高的學術地位。但他們的著作，我幾乎每看一頁就能指出其中的錯誤，整本看完會氣到吐血，更奇怪的是這些荒謬的論點竟然沒有人出來反駁。我再也無法忍耐了，顯然之前網站上公布的東西功效有限，我決定花更大的心力修改、補充，以嚴謹的學術著作規格問世，攻入他們的核心，把那些猶如藝術品上面的蒼蠅屎擦掉。我不相信真理討論不出來。

從興趣到專業，我在網站和書本所下的功夫，實在遠超出最初的想像。從孫子到中國古籍，從兵法書到各種主題，我的閱讀越來越精也越來越廣。因為累積的東西多了，所以當發現一個之前不曾看過的文獻時，那種感覺是很非常興奮的。兵法是冷門的學科，我希望能好好推廣，雖然它的相關資料在日常生活裡很難接觸到，但只要在我的網站點兩下，就能有系統的了解它。

走這條路，很寂寞，但是追求真理，闡揚避免不必要的衝突、戰爭的理念，卻是非常有意義的。我的網友從國中生、研究生到國防部軍事專家都有，他們的迴響，讓我覺得應該要繼續走下去。

Joya：
［我和角色
融為一體］

一個Coser的經驗談

採訪整理—藍嘉俊
圖片提供—Joya

蔡仁譯攝影

第一次去參觀角色扮演（cosplay）會場時，畫面真讓我目不暇給。

本來，我就喜愛日本的動、漫畫和電玩，看到那些虛構的人物在身旁走來走去，覺得非常有趣，就被深深吸引住了。好，我也要變成我所喜愛的人物。

把那些虛構人物的衣服、配件從無到有整套做出來是很有成就感的。現在，我已經擁有十九套cos服了。我最喜歡電玩遊戲「Kunoichi」裡的主角，緋花，她是一位女忍者。這款遊戲出來的時候，一見到她的外型，就有被電到的感覺。我覺得我和緋花的個性還滿match的，她的身世與神祕感也讓我著迷。

但扮演緋花真的很不簡單。她的裝備有三把劍、盔甲和面罩，我花了很多精力去尋找材料和製作道具。對我來說，她全身上下每個部分都是重點，我都投入了很大的感情下去。我求好心切，不斷的修改、詢問同好，過程中，還因為對材質不滿意，整套換過，最後是花了半年才大功告成。換裝也是大工程，最初動作不熟練時，需要一個鐘頭。

可是，只要能完整穿上一套衣服，和心中喜歡的角色融為一體，那種感覺真的非常幸福。

當我換上服裝扮演某人時，整個人就要散發那個角色所要的感覺與氣質，要很有信心，我裝扮成男性角色時，大家也真的把我當男生了！同時還要自律，不能破壞本尊的形象。其實，裝扮有一種補償作用，也許你個性不夠堅強，但變成對方之後，你會學著堅強些。

我們裝扮，是真心的喜歡這個主角，不是為了引人注意。除非是要共赴盛會，我們一般不會穿cos服招搖過街，避免招致奇異的眼光與疑問：「咦，你這個人怎麼穿這樣啊！」因為不懂的人還是不懂啊！但一入了會場，裡面就全是同好了，和他們交換心得是最開心的事。

為了參加cos活動，我可以連續好幾天熬夜趕工，也許念書也沒那麼認真吧！確實是，我覺得我有50%的時間都花在上面了。即使已經接觸五年多了，但現在遇到有活動時，前一晚，還是會興奮得睡不著覺！

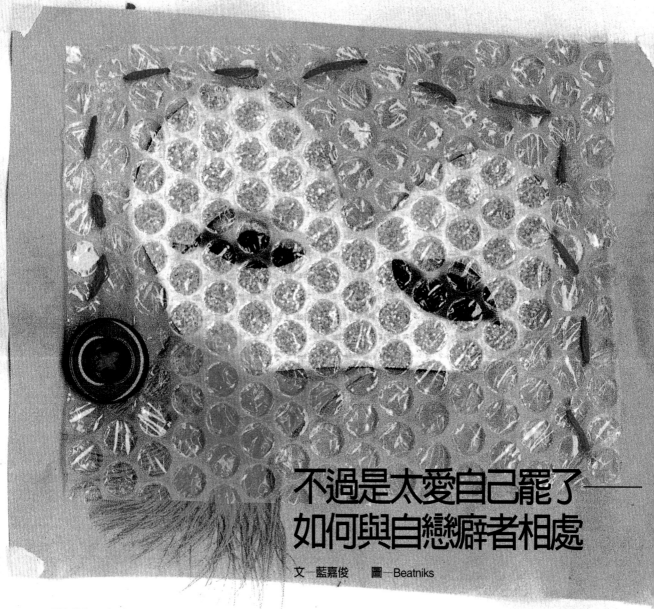

不過是太愛自己罷了——
如何與自戀癖者相處

文─藍嘉俊　圖─Beatniks

　　朋友抱怨，真受不了那些自戀的人。我露出了完全理解的表情，誰不認識幾個這樣的傢伙呢？在自拍盛行、個人主義當道的此刻，這類人種只會越來越多。但換個角度，和自戀者相處，何嘗不是一種藝術。

　　首先要知道，自戀是人類與生俱來的本能。專家說了，為了求生存，嬰幼兒先得經過一個完全以自我為中心的歷程，接著，才能慢慢意識到別人的存在，最後，終於學會愛別人。從這點看來，我們可能要同情過度自戀者，人長大了，卻仍舊停留在只有自己的世界裡，他們的生物進化機制是被什麼東西卡到了嗎？

　　可能沒那麼嚴重，自戀者只是忍不住的愛慕自己。

　　總認為自己很獨特，這是判斷一個人是否自戀最萬無一失的方式。因為與眾不同，所以把大部分的精神、注意力都耗在自己身上。這樣的人必定讓你印象深刻，即使你有輕微的健忘症，也不用煩惱多年後對方迎面而來時，叫不出名字。和這些人作朋友

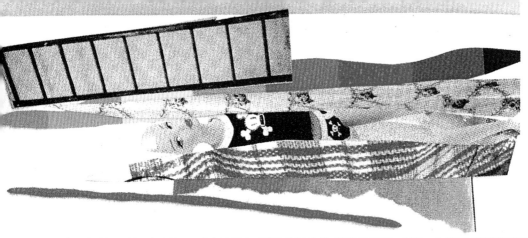

有個好處，在他們面前不幸出糗了，你無需擔心丟臉的事被燒成光碟傳頌千里，通常，他們是壓根兒沒興趣留意你的。

也許是一種天將降大任的使命感，自戀者喜歡強調自己很忙，強調自己作的事情非常重要，讓你一度以為，這混亂的社會真的是有救了。但是，把沒時間掛在嘴邊，也可能是做事效率太差所導致，基於這項缺陷，我們自然也要心存同情，不要太在意他們的誇大其辭。

有的自戀者不但迷戀自己，也認為別人會比照辦理，特別是在異性（當然也可能是同性，端視其喜好）相處的領域上，總以萬人迷自居。這可能並非出於刻意臆風，純粹只是這些傢伙們想太多了。這時，較殘忍的方式就是詢問另一個當事人，獲得一個與自戀者認知完全相反的答案，但這樣戳破太不厚道。你有所不知，自戀者的身體，彷彿內建了某種柔光鏡或時常短路的翻譯機，其接收、解讀外界訊息的方式，往往不同於常人。由於生理構造較特殊，也更容易營造一個自得其樂的異想世界。這種異想為旁人帶來的效果，不亞於觀賞一部卡通，在平淡的日子裡帶來樂趣，說來是挺有貢獻的。

自戀者還有一種放大自我的能力，不太在乎別人的目光。不管那是源於自大還是自信，他們最不需要的就是勵志書，因為，自己早已給了自己百分之兩百、或三百的肯定。這種天賦令人嘆為觀止，頗能啟發缺乏自信的人。如果你並不需要被啟發，也不想聽那些令人存疑的豐功偉蹟，那就別浪費彼此的時間，請即刻轉移話題，或藉上洗手間走人。人的潛力是無窮的，包括自戀者。他們有時也會自我嘲解一番，這是他們最可愛的時刻。

自戀者既然是最棒的，那麼批評他們就要格外小心，以免踩到地雷。他們有一套聽覺篩選系統，能夠過濾掉所有非讚美的話語。一旦這些批評衝過防線進到耳朵時，他們便會使盡全力去反駁，好像你已經威脅到他的生命。這點不難理解。每個人都有瘋狂迷戀的對象，可能是郵票，可能是紅酒，只是這位仁兄迷戀的是自己；若有人嫌你的偶像唱歌難聽，恐怕你也會抓狂吧！所以，請多多包涵。

傷腦筋的是，有些自戀者的邏輯思維異於常人，硬拗功夫一流，與之辯論時常有撞牆之感。然而上天有好生之德，該規勸的還是要規勸，其他吐槽的話，還是忍住別說吧，免得一方面雞同鴨講、有理說不清，還造成他們反應過度，傷了身體。

其實，人人都有自戀因子，誰不愛照照鏡子，穿扮得人模人樣？差別恐怕在於程度。非常自戀的人，也不過代表著他非常沉迷於一種狀態，一種自我感覺良好的狀態。但他開了你的眼界、訓練你的耐性並且增強你的包容心。這樣真的蠻好的。了解他們你就不會少見多怪，自己反倒成了怪人。但是，若你也是個自戀的人，那要如何與另一個自戀者相處呢？會互看不順眼嗎？這就不是我這個智尚半凡的人所能回答的了。

力‧洪麗芬

不在沉默中爆發，就在沉默中死亡。
——魯迅

（攝影—蔡志揚）

「癖」國度裡的50本書
4本和其他46本

與癖相關的網站推薦詳細介紹與內容，請上網查閱，網址為：

http://netandbooks.com/taipei/magazine/no17_obsession/web.html

《上癮五百年》（*Forces of Habit*）
大衛‧科德賴特（David T. Coutwright）／著　薛絢／譯（立緒）

人類對於精神狀態的幸福感有著生理上的需求，為了達成這種生理需求，人類使用精神刺激性食品藥物其實自古皆然。有一項針對護士喝咖啡的嚴謹研究發現，每天喝二至三杯咖啡的人自殺率僅有完全不喝咖啡者的三分之一，這個研究結果證明藥物的確是幫助人應對生活的工具。但是上癮與改善精神狀態只在一線之隔。在《上癮五百年》一書中，作者突破一般對於上癮物的刻板印象，深入討論即使是日常生活中的「合法」食品，其實也是重要的「癮頭」來源，其中包括目前世界流通率最廣的「三大宗」：酒精、菸草、咖啡因，以及不合法的「三小宗」：鴉片、大麻、古柯鹼，這些精神刺激物質基於流通週期或文化偏見的客觀原因成為現代地上與地下世界的主流，作者由各項客觀因素解開這些精神刺激藥物的銷售之謎與精神刺激性食品的消費貿易史。

一開始不管是酒精或是安非他命都是極具療效的藥物，不過很快地人們就發現這些東西具有令人放鬆進而陶醉的娛樂效用，加上這些藥品對於人體會產生耐受性的問題，使得人們必須一次一次地提高劑量，終至危害身體的地步。這些議題由健康因素衍生成為道德議題，最後則立法成為法律，有些精神刺激物質成為合法用品，有些則成為非法藥物因而轉入地下。非法精神藥物在各國法律的強力壓制之下，身價反而更加水漲船高。而合法的精神刺激藥品，各國則因其帶來的高收益而給予選擇性道德標準，反而在廣告商的推波助瀾之下更加興盛。

〈創世紀〉中寫道：「除了禁果之外，其他儘管享用」，不過早在伊甸園中，這就不是人類可以達成的目標。作者以一個歷史學者的專業研究指出對於「上癮禁果」不應一味強化防堵，思索背後資本主義的黑手以及尋找疏通之道，才是現代人必須追索的脈絡性課題。（繆沛倫）

《恐懼的原型》（*Grundformen Der Angst*）
弗里茲・李曼（Fritz Riemann）／著　楊夢茹／譯（臺灣商務）

電影《火柴人》裡，尼可拉斯凱吉飾演一位對乾淨要求苛刻的詐騙高手，他不允許生活環境裡有絲毫的灰塵；電視新聞上，我們也常見到將手洗到發紅，卻覺得不夠乾淨或者刷卡刷到爆，還停不了的案例。這些對某種行為上癮的人，在德國心理學家弗里茲・李曼的分析裡，都屬於強迫人格。而上癮的背後，根本的原因是「恐懼」。

弗里茲・里曼從天體運作的規律，地球公轉和自轉，以及萬有引力和離心力的道理，獨特地架構出人類恐懼的四種原型，即分裂、憂鬱、強迫和歇斯底里。簡單地說，分裂人格是指害怕把自己交出去；憂鬱人格是害怕做自己；強迫人格是害怕改變；而歇斯底里人格，是害怕既定的規律。

如何解說這四種複雜的類型？作者以豐富的臨床案例，加上許多文學名著中的角色加以佐證，並分別從不同人格的感情世界、侵略性及環境因素等各方面加以探討。

四種人格的產生，對作者來說，與童年時期的成長經驗息息相關。父母是否具有成熟的人格、對孩子是否付出健康的愛、孩子的出生是否受父母歡迎、孩子是否成為父母情緒或生活的工具等，這些幾乎都關係到孩子一生的人格發展。除了強調童年的重要，作者也鼓勵大眾面對恐懼，去追溯恐懼的來源，而不是一味逃避與忽略。畢竟童年時的不足或傷害，長大後的自己可以回頭面對以及尋求療傷。比較特別的是，在這四種人格特質裡，社會大眾傾向同情分裂、憂鬱或分裂人格，而對歇斯底里人格較無法付出同情，也許與歇斯底里一詞一向懷有貶意有關。不過，這四種人格，內在都有個受苦的靈魂，就像作者在書中所說：「我們每個人的過往都有一個模糊地帶，有些人對早年的坎坷心存感激，將之轉化為助力，因此成就斐然，難道不該更同情且包容那些沒有這麼幸運的人嗎？」（詮斐）

《香水》（*Das Parfum*）派屈克・徐四金（Patrick Süskind）／著　黃有德／譯（皇冠）

這世上再也找不到一部像這樣必須用「聞」的小說了。隨著指尖翻動書頁，每個字句宛如一縷縷各式各樣的氣味微粒幽然升空，挑逗著你鼻中的纖毛，透過溼潤的黏膜化為一陣陣閃電狀的神經訊號，送進大腦最原始的嗅球區。

氣味是最古老的記憶符碼，是愛的泉源，一點點化學分子便可以掀起慾望和渴求的情感波浪。本書主角葛奴乙具備無比靈敏的嗅覺和解析重組氣味的超能力，可是他卻聞不到自己的體味。難怪從沒有人愛過他，因為他是一個沒有味道的人！他忍受畜生般的生活與他人殘忍的對待，像一隻醜陋孤僻的扁蝨，他活著的唯一理由，只有香味，並且用盡畢生之力將這些香味永遠占為己有──以不法的手段。

徐四金的高超之處，在於他總能把感官經驗深入刻畫並放大到淋漓盡致，讓讀者不知覺地自動張大所有毛孔、繃緊每根神經，以便用最快速度毫不漏失地傳遞所讀進去的每一個字。當讀到葛奴乙在皮革工廠作苦工，皮上的爛肉味和化學藥品的刺鼻酸味會讓你嫌惡皺眉；讀葛奴乙初進香水店表演他的嗅覺天賦，橙花、萊姆、玫瑰、麝香酊……所組成的「愛與靈」不知從何時已然瀰漫在你四周；讀葛奴乙謀殺最後一個奇香無比的美麗少女，你也不由自主地仔細幫他檢查包裹女體的油布是否密封以免讓少女的體香漏出來浪費掉了……先別管故事情節，光是隨著葛奴乙聞遍整個巴黎，就已經是美妙至極的閱讀經驗。

這是一本你應該用全身細胞去讀的小說，而它也絕對會帶給你無與倫比的閱讀高潮。（蔡佳珊）

《羅麗泰》（*Lolita*）拉迪米．納博可夫（Vladimir Nabokov）／著　黃秀慧／譯　（先覺）

「正常」一如我們，怎能了解那看似瘋狂的愛戀？「我生命之光，我腰胯的火焰，我的罪，我的靈魂」，這戀人的詠嘆，也許亦曾出現在我們召喚愛情的言說祕密中。只是，當那愛戀的對象，是一個尚未蛻變為成熟女性的孩童，或者，他口中的「小妖精」，這一切愛戀頓時被視為邪惡而沉淪的慾望，不能見容於任何道德社會之中。

所以，一個四十歲的成年男人杭伯特，必須小心翼翼、謹慎的、幽微而隱蔽的壓抑、追求、滿足他對那個名喚為羅麗泰的小妖精一種「真誠」的慾望，如他的自我告白一般：「我潛行的是詩人溫柔如夢的境域，而非罪過徘徊之地。」所以，他虔誠而溫柔的呵護他「天真與詭詐、迷人與粗俗的混合體，可以陰鬱不悅也可以玫瑰般歡愉」的羅麗泰。

只是，他必須與時間競賽，羅麗泰，不會是永遠的羅麗泰，當女孩轉變為女人的時候，就是她們身上的妖邪氣息發酵陳腐的開始。　（莊琬華）

癖的歷史與文化

《上癮的秘密》（*Sucht und Suchtkrankheiten：Ursachen, Symptome, Therapien*）

迪特爾．拉德維希（Dieter Ladewing）／著　李彥達／譯（星辰）

人為什麼會上癮？本書先從歷史文化的角度來檢視「上癮」以及各種致癮物（酒、鴉片、古柯鹼等）在人類幾千年來扮演的角色，接著探討人類上癮的原因、定義、症狀，以及治療和預防的方法。作者並不將「上癮」局限在「毒癮」上，他認為厭食症或運動癮也是一種物質或習慣的上癮問題。人類如果想藉著致癮物暫時紓解壓力的話，通常只會跳入另一種束縛。想避免任何形式的上癮，唯有了解如何紓解壓力才是真正的解放之道。　（Clain）

《毒品》（*The Pursuit of Oblivion: A Global History of Narcotics*）

理查．戴文波特－海恩斯（Richard Devenport-Hines）／著　鄭文／譯（時報）

以效果而言，毒品可分為舒緩疼痛引起快感的麻醉藥、幫助睡眠的催眠劑、激發精神的興奮劑、揮發性物質與導致認知變化的迷幻藥。根據聯合國的統計，全球每年非法毒品交易的總額達四千億美元，相當於所有國際貿易的百分之八，這麼龐大的交易金額證明了「毒品」在人類社會實際的需求。本書細述五個世紀以來各種毒品的成效、使用與成癮成因，並描述以法律查禁毒品的手段是如何使得原本合法的藥物轉為獲利豐厚且組織嚴密的非法交易。作者認為美國總統尼克森於1969年發動反毒大戰，事隔三十年證明這是一場打不贏的戰爭，保守人士應該試著放開心胸，以疏導的方式考慮藥物的多種可能性，而非一味禁絕逼使其進入地下，衍生更嚴重的問題。　（繆沛倫）

《性史圖鑑》劉達臨／著（八方）

本書標誌了「歷史」，因此，如同史書論著，作者在內文中嵌進許多史書片段，來證明自己的言之有據與立論正確性，並從上古時代開始論述這檔從不見於正史之上的房中密事，論述範圍擴及宗教、文學、社會、教育與非主流性文化等各層面。另一方面，為了符合「圖鑑」的形象，本書收納上百幅彩色插圖，內容有繪畫、器物、神像、老照片、雕刻、善本書頁、山水風景等等，這些載體所表達的均是同一種訊息，即陽具、女陰的形象，男女互嬉、男女交合的姿態。不過這些原本是「祕而不宣」的「春宮」圖，同時集中在一起一幅幅翻過，居然能產生心生厭倦的效果，偶有幾幅出乎人體力學的有趣姿態，才讓人記起這原是一本讓人精神振奮的書。　（陳彥仲）

《迷藥》（*Aphrodisiac*）邁克．米勒／著　離塵翻譯社／譯（波西米亞）

藥物的發明可說是人類文明的一大重要智慧結晶，然而有一種藥物卻是一直受到刻意的忽略，那就是涉及性愛、幻境的迷藥，一個充滿神祕面紗的奇幻催情物。

本書收列古今中外各大民族私相授受的古老迷藥故事，從遠古的迷藥起源，巫師的魔法一路談到非洲部落、聖經中的迷藥種類，而作者不僅有系統的介紹各類迷藥，而且還從文學、神話及古文明記載中的故事——精闢解說迷藥的歷史，進而闡述迷藥對於人體及社會的種種影響與功能。誠如作者所言：迷藥在某種程度上其實就是人類生活歷史中始終追求精神刺激的產物。而本書則是幫你一窺迷藥神祕之門的重要之書。　（Ricardo）

《三寸金蓮：奧祕、魅力、禁忌》柯基生／著（產業情報）

纏足這件事，在近代中國歷史上簡直是惡名昭彰，被視為變態國恥人人欲除之而後快。談到解放纏足，天經地義，沒人敢再說纏足好話。然而這不過是近百年來的觀念，再往前推的一千年裡，全中國可是人人都有金蓮癖，奉小腳為尊。如此極端的殊異心態，說纏足是中國近代史上最大的一個謎也不為過。本書作者投入小腳研究數十載，不僅費心搜羅纏足文物，也對相關文獻進行系統性的整理與分析，於是產生這本圖文並茂的作品。一雙雙精工刺繡的小巧蓮鞋附上詳細說明，對於初窺金蓮世界的好奇讀者，本書是最好的入門指南。（蔡佳珊）

《愛上制服：制服的文化與歷史》（Uniforms：Why We Are What We Wear）
保羅・福塞爾（Paul Fussell）／著　陳信宏／譯（麥田）

「一個人就如同他身上所穿的制服」，本書的英文副標如是說。書中介紹並分析俄羅斯、德國、義大利，及美國軍隊制服的風格特色與沿革，及其與民族性、社會文化的關聯。例如，德國人重視細節，故制服的飾品與配件也相當繁複；而義大利人浪漫懷舊，因此二次大戰義軍部隊出現插著一大束鮮亮羽毛的鋼盔也不太令人意外。

除了軍隊制服之外，一般的「平民制服」同樣充分具備外型特色與社會意涵。如，廚師與醫護人員的制服為何是白色的、空服員制服與美國海軍的關係，以及男童穿上水手服的象徵意義等，在本書都有詳盡的說明。有關制服的文化意義上，作者探討了「制服崇拜」的心態，並點到為止的帶出制服的情色議題。（托托卡）

《Shopping演化史》（I Want That! How We All Became Shoppers）
湯瑪斯・韓恩（Thomas Hine）／著　夏嘉玲、陳光達／譯（雅言）

在大打折的時候第一時間衝進賣場大開shop戒，究竟是聰明消費還是壓根兒受了騙？把百貨公司型錄當作課外讀物還在上面圈圈點點，到底是認真負責的先見之明還是缺乏安全感的表現？

本書作者說了，shopping是權力、是責任、是發現、是尋求歸屬與自我表現，也是慶祝和便利。Shopping是現代人生活中少數可以天天行使的平凡自由，每一次shopping，都是人藉由與物建立關係來重新界定自我形象及其人際情感的一次社會學實驗。作者還發明了「購物圈」（buyosphere）這個新詞彙。是的，我們都活在購物圈裡，我們都該好好學習shopping，本書就是最好的課本。（蔡佳珊）

《狂熱份子》（The True Believer: Thoughts on the Nature of Mass Movements）
賀佛爾（Eric Hoffer）／著　梁永安／譯（立緒）

在這一九六○年代的社會人文經典名書裡，作者賀佛爾自許站在人性的立場去挖掘群眾為什麼要革命、會聚成暴民、想向權威挑戰或者被權威愚弄魅惑卻心甘情願等集體問題。此書文氣鏗然地談論著人權與威權的對抗，但事實上作者從未受過一天的正式教育，賀佛爾幼時失明以致並未入學，而後又奇蹟式地恢復視力，於是以自學方式勤讀。就在這樣的造化下，這位在勞動階級流動的人，才能滿腹經綸地向社會上流及威權者雄辯滔滔。對真正表情以非制度式管道宣洩不滿的人們來說，賀佛爾這本著作實可資為走上街頭的精神動員教材。若是有一大群狂熱分子出現，他們「不鬧不罷休」絕非什麼心理怪癖傳染，而是如賀佛爾所言，多半是「現行的秩序掃地」，人心思變，必定其來有自。（鄭俊平）

《偷窺狂的國家》（Voyeur Nation：Media, Privacy, and Peering in Modern Culture）
克雷・卡佛特（Clay Calvert）／著　林惠娸、陳雅汝／譯（商周）

當癖演變為不分天南地北、今夕何夕的「念茲在茲」，常會失禁地走在害人害己或者過度癡迷狂熱的邊緣。本書要談的是一種讓我們在大媒體潮下餵養出的可怕癖好：「偷窺」。駐足他人私密空間的鏡頭以及好聽小道的傳播閱聽習慣，在當前已氾濫到超過這個癖好本身的語言疆界了。如果「偷」窺再不是如古裝戲裡「鑿洞借光」，而是舉國入夜皆守在「潘朵拉電光盒」前堂而皇之地閣家收看，那簡直是「共賞」而不叫「偷」窺。法學教授卡佛特在此書即要從政經社會等多個角度對這項集體成癖症進行診斷，企圖停止這場世紀大偷窺（共賞）的荒唐。（鄭俊平）

《百年收藏》宋路霞／著（聯經）

收藏，是某種程度的戀古癖，雖然收藏的標準還包括了審美，但無可否認的，只要文物被鑑定具有上百千年的歷史，沒有幾位收藏者不會為之散發出獵人的眼神。這本書，淺談文物本身，談得更多的，是文物收藏風潮的起源、高峰、震盪與復興，過程幾乎比文物的文史藝術價值來得吸引人。從宋代起，文人雅士間流行起蒐羅鑑玩古物；風潮代代延續，古物也在累積時間的價值。清代末年，大量被沒入地層的文物以非考古的方式出土，另一邊，收納文物的王公貴冑被時代戰亂擊潰，他們的庫藏如浪潮般散出民間。在王朝末世，這些文物只能在市場上流竄，大多數進了海外大國的博物館中。這段顛沛的歷史，留給現世的不是只有混亂與遺失，還有收藏者的人品與風骨。（陳彥仲）

《迷幻異域：快樂丸與青年文化的故事》（Altered State：The Story of Ecstasy and Acid House）

馬修・柯林（Matthew Collin）、約翰・高德菲（John Godfrey）／著　羅悅全／譯（商周）

藥物世代挑戰國家體制之磨擦衝撞所引發的快感教人上癮。在你來我往的價值觀衝突中潛藏著大眾長久以來對異端的排斥恐懼。作者藉由回溯七〇年代初期石牆事件為開端，企圖重現舞廳生態與快樂丸文化間的層層糾葛。從原本反菁英、反建制的地下派對到全盤商業化的瑞舞樂園，從迷幻搖滾與迪斯可風行的年代到浩室與 Techno碎拍為主流的電音場景。儘管藥物形式隨著科技革新持續演變進化，卻仍受制於左右兩派意識形態之消長；不但在保守主義抬頭的情勢下成為打壓對象，且一度招致犯罪集團的角力介入；令個人的心靈解放過程漸趨異化，並終使「愛與和平」的烏托邦神話迅速幻滅。然而檢視歷史，本書的出版或許也為狂飆過後的邊緣世代提供另一種對話可能。（羅喬偉）

《人人有怪癖》（Shadow Syndromes）

約翰・瑞提（John J. Ratey）、凱薩琳・強生（Catherine Johnson）／著 吳壽齡、林睦烏、林春枝／譯（遠流）

你或許以為自己再正常不過了，但是大家都說你是怪人。你可能經常性地感到不耐煩，或是在陌生場合渾身不自在，或老是悲觀態度只看事情的負面，或總是奮不顧身無視危險……

本書原文名為「陰影症候群」，亦即看似正常人的心理有時也有些彆扭之處，這些小小失常可能是隱藏性的憂鬱症、輕微自閉症、輕狂躁症、間歇性狂怒症……，雖不影響到日常生活作息，但不免造成自身情緒的困擾，或必須面對週遭親友異樣的眼光。本書作者提出，這些「怪癖」的起因很可能是輕微的腦部神經失調或基因異常，只要了解背後的生理機制，坦然面對、走出陰影，並非難事。（蔡佳珊）

《身體的情緒地圖》（Getting Our Bodies Back）

克莉絲汀・寇威爾（Christine Caldwell）／著 廖和敏／譯（心靈工坊）

本書是介紹克莉絲汀自創的「動態之輪」（Moving Cycle）理論的著作。作者以身體對人心理所扮演的角色為出發點，談到「上癮」對於心理及生理各方面的影響，比如身體會記錄不快樂的事件，身心分離法造成對外界溝通的阻絕及上癮症的逐漸形成。書中先探討上癮症的種種狀況及成因，而後「動態之輪」則以覺察、擁有、接納、行動四個階段讓身體重新產生變化，藉著重複、對照、強化、確認、歸納五種介入要素以達到對身心的滋養、支持、挑戰、反映、留白五大目標。換言之，本書教導讀者如何自我探討內心深處與身體的互動關係，從而找出身體與內心的力量，讓自己復原並走得更遠。（Ricardo）

《性病態：238個真實檔案》（Psychopathia Sexualis）

克拉夫特—艾賓（Richard von Krafft-Ebing）／著 陳蒼多／譯（左岸）

由奧地利國立精神病院院長所親自撰寫的238個性病態檔案！本書在1886年初版，在那個性知識仍蒙昧禁忌的年代，此書一出立即大受歡迎，並成為精神醫學研究的重量級著作。克拉夫特—艾賓寫作本書根植於一個偉大的初衷：利用醫學角度的分析，了解人類的缺陷和痛苦，將這些或怪異或殘酷的乖張行為歸因於疾病，以維護人類的道德與美感情操。

抱著大開眼界心態希望在本書汲取快感的讀者恐怕要失望，因為作者是以極嚴謹冷靜的態度詳述並分析這些病例，正經八百。也當然有些理論以今日學術觀點來看需要修正，但作為性病理學先驅的價值仍無可取代。（蔡佳珊）

《我們時代的病態人格》（The Neurotic Personality of Our Time）

卡倫・荷妮（Horney Karen D.）／著 陳慶／譯（華成）

在強調環境等後天因素對人格影響重大的心理學家卡倫眼中，我們對事件的反應、對詞彙的好惡，不免都有種「被強迫」的性質，這些也屬於「被養成的癖好」一類。卡倫挑戰宗師佛洛伊德分析人的原生性觀點，認為後天的變化更具有關鍵地位，為什麼平素堅強的人遇到某種形式的壓力卻容易崩潰、為何某些人會對「受虐」享有快感，卡倫旨在初探當時心理學研究尚待開發的社會文化領土，並輔以他在臨床治療上的故事為證。而在今天的高壓時代中，我們早不再用「神經病」這個詞戲謔，卻多見多聞多談憂鬱症等文明心理疾病——卡倫早在1937年就預警到了日後文明導致的普世挫折感，本書的先見價值可見一般。（鄭俊平）

《打開戀物情結》（Dematerializing: Taming the Power Possessions）

珍・漢默史洛（Jane Hammerslough）／著 廣梅芳等／譯（張老師文化）

拜物是人們對於自身匱乏所做的彌補行為，認為可因此而得到滿足。不管是人類學所講的拜物，佛洛依德所提的性拜物，甚至是後來的商品拜物，談的都是對於物品、部分身體（性拜物）的迷戀，以這種方式來否認自身的匱乏，試圖抓住已經消逝的事物。本書以許多實際的故事和輕鬆有趣的論調，分析人們怎麼養成對物品的依賴，進而達到可以去物質化（dematerializing）的目的。特別是在探討到資訊發達社會，我們不斷地被灌輸「一個成功的人該有的樣子」和「有什麼東西才能得到幸福」等觀念，讓人們誤以為有了這些東西就能擁有幸福和成功。我們處在一個完全戀物的社會，書裡面不斷地讓我們回看自身，不斷地驚覺自己身陷其中，但是這樣的噩夢卻不一定能醒得過來。（林盈志）

《快感的追求》（*The Pursuit of Pleasure*）李奧·泰格（Lionel Tiger）／著　陳蒼多／譯（新雨）

作者泰格說：「性的痙攣是最具生理快感的人類大事」，只不過，「我以『性慾』做為開始，但是事情遠遠超過此一範圍。」循頁開展，這位人類學教授解開了現代人從事性、吸毒乃至工作、吃、旅遊、消費等事，到底哪兒令大家覺得有趣莫名，哪裡又潛藏著我們內心最深沉處的不快。我們一向把「被快感牽著走」評為缺乏自制的表現，但這本書「回到蠻荒」式地明喻了，近代文明由公權力或國家機器設下的禁制與規範，更多時候是來自對「人之初」的冷漠或抹殺。追求快感是活著的重大理由，關於快感的罪惡觀似乎是我們自己搞出來的禍害。與其說此書是要大張「快感有益」的旗鼓，還不如說他在引導我們於陪審席上先自由心證地說出：追求快感，「not guilty」。（鄭俊平）

《慾望之心：了解賭徒心理》（*Understanding Problem Gamblers*）

保羅·貝靈格（Paul Bellringer）／著　廣梅芳／譯（張老師）

這本書從一種教化人心兼以關懷邊緣分子的立足點出發，把嗜賭者的心理及行為由社會及心理脈絡進行切片。作者貝靈格著書時尚任職於一個叫做「賭博關懷協會」的機構，他自己長年獻身於賭癮防制，一朝著書必不免有股濃濃的警世味。因此，《慾望之心》自然不會少了戒除賭癖、救醒賭徒回歸正常生活及導正幼時即有嗜賭傾向孩童等方法工具。在實用面上，本書能幫助人們解下賭慾的桎梏；而在閱讀知識面上，本書的戒賭案例更勝過分析，看到許多好端端的人迷戀（且不論輸贏）此癖已到連命都不顧的地步，正足彰顯「癖的好壞」大部分時候端繫於程度深淺。貝靈格的目標不在判賭有罪，而是要求賭癖呼之則來、揮之即去。（鄭俊平）

《天生反骨》（*Born to Rebel: Birth Order, Family Dynamics, and Creative Lives*）

法蘭克·薩洛威（Frank J. Sulloway）／著　張定綺／譯（平安文化）

姑且引述薩洛威在書中一句石破天驚之語，以資證明他這本書要談的事頗不友善易親，「革命家與乖順良民的分野絕對與知識無關」。薩洛威舉證歷史、旁及人類學、輔引心理分析，統計及質化研究他都談，可花這麼大的功夫卻是在觀察社會上那些非常欠揍的人。薩洛威認定這類人物是先天決定的不合作壞分子，但也因壞分子對現狀不滿，使他們之中也易產出帶領人類進步的先驅。《天生反骨》這句話的論點其實並不新奇，但薩洛威如何推論展示它卻是此書的思索重心；如果我們可以中性地高倡人有天生美醜、癖性，其間無高低之分，那反抗與叛逆這類行為可不可能有一天從「好與壞」、「乖與不乖」、「好用與不聽命」下落到「個性」的層次呢？（鄭俊平）

《人各有癖》殷登國／著（希代）

殷登國是著作頗豐、主題廣闊的歷史作家，他從花草魚蟲到飲茶跑馬，既格物又治史，但書寫的體裁多以從古到今的華人文化癖好小品為主，閱讀其書的趣味也在見識歷史民情的無奇不有。本書給了「癖」一語的定義叫「嗜好之偏」，也替讀者們盡心收集了「此偏」可以有多偏的軼事，不僅訴諸文字，甚或補有古書照片為證。作者學歷史出身，「書畫」、「撿石」、「賞花」之癖是不會錯過的好戲，但相較於這類較過時的古玩古娛，更絕的是那些「冰凍三尺非一日之寒」、「古已有之、於今尤然」的酒癖、賭癖、麻將癖、煙癖等。閱讀本書不僅止於觀賞，更可追本溯源地望見我們浪漫的老祖宗傳下來了什麼「嗜好之偏」的好基因啊。（鄭俊平）

《*The Anatomy of Bibliomania*》　Holbrook Jackson／著（Illinois）

「Beware of your habits. The better they are the more surely they will be your undoing.」這是Holbrook Jackson送給愛書成癮，嗜閱讀為癖的一句話。

藉由《*The Anatomy of Bibliomania*》這本書，讀者可以測驗一下自己：是否不管在任何地方，不論什麼時候，都需要一本書才能令自己安心。或者，讓自己處於一個無書的狀態下，暫時失去閱讀能力，卻發現無法維持多久。那麼要開始小心了，很可能你已經成為書癡一員。對一般讀者而言，喜歡閱讀是件好事，但卻不知道書也會反噬你的生活，占據你生命的全部。自認是書癡的讀者，可以利用這本書了解一下「癡」的程度，切磋身為同好人的經驗。不好閱讀者，恭喜了，當你看完這本書時，知道有人可以因書廢食，或許要慶幸尚未成為書癡。（Henry）

《生涯一蠹魚》傅月庵／著（遠流）

好書成癖，自命蠹魚的作者以多年悠遊書海之姿，執筆漫談其畢生開卷之樂。本書內容按張潮《幽夢影》所言，依春、夏、秋、冬之序分篇。從大師軼聞到文壇趣事再到漫畫小品是謂「春讀諸集」、從年少記事到師友追憶是謂「夏讀故史」、從作家群像到展卷點評是謂「秋讀諸子」、從旅行雜記到網路革命是謂「冬讀百經」。一篇篇見廣論遠的隨想短文，穿插襯置著一幅幅狀似寫意的黑白影像，不僅與人發起思往訪幽之情，且更別有一番雅致風味。而其素樸簡潔的排版裝幀亦可一窺作者對古籍舊本的迷戀之癖。書中書、影中人，一體說明了作者何以生涯即蠹魚。（羅喬偉）

可以張揚的癖

《恨昇歌：昇迷歲月》 黃婷／著（大塊）

天下所有的死忠樂迷都是一個樣子的，對於他們崇拜且心愛的歌手有著旁人無法理解的執著與瘋狂。本書作者以多年的新聞寫作歷練及歌手陳昇的超級癡迷的雙重身分為基礎，以幽默中帶著點酸澀的口吻——勾勒出陳昇早期的歌曲創作及他身旁的幾位多年合作的音樂伙伴，從人物特寫的半新聞報導手法，間或夾雜著作者自己年少時期的聆聽經驗，時而如短篇小說式的描述手法，時而以客觀的寫作方式描繪出書中每一位人物獨有的面貌與血肉。

相對於一般樂迷書籍以資訊導向的做法，本書改以一位樂迷心聲的架構，結合陳昇歌曲的漂泊風格，寫出相當真誠的聆賞紀錄，稱得上是喜愛陳昇者的最佳讀本。（Ricardo）

《昆蟲知己李淳陽》 莊展鵬／著（遠流）

這是一本精彩的人物誌，關於昆蟲學家李淳陽傳奇的一生。他的伙伴曾推崇「他是一個科學工作者，也是藝術工作者」。因為李淳陽不僅研究昆蟲，還把牠們拍成了影片，獲得國際媒體的高度評價。這些紀錄片猶如橋樑，讓他更像是一個虔誠的傳道者，引領一般民眾進入昆蟲人的國度。李淳陽受法國知名昆蟲學家法布爾《昆蟲記》的啟蒙，他隨後的投入與貢獻，也有了「台灣法布爾」的美譽。他是昆蟲的知己，對他來說，昆蟲也是有心智的。藉由資深編輯人莊展鵬的生動側寫，讀者可以深刻感覺到，一個白髮老翁的巨大熱情。（藍嘉俊）

《吃的大冒險》（Are You Really Going to Eat That？）勞勃・沃許（Robb Walsh）／著　薛絢／譯（大塊）

作者素有飲食評論界的「印第安那・瓊斯」之名。吃是他體驗人生，探索世界的方式。他周遊世界，嚐遍天下美食，融入世界各地奇特的烹飪以及文化裡，然後以活潑有趣的筆觸呈現出，不同的文化是如何透過飲食來體現。

這是一本對食物致上最高禮讚的書：從臭到作噁的榴槤、熟過頭的乳酪、生蠔、泡菜，乃至根源於記憶深處有媽媽味道的甘藍菜捲，每篇文章都散發出食物不可思議的力量，以及各地文化及土壤的氣息——最樸素的食物往往挑動最深的體驗。（Clain）

《Nabokov's Butterflies：Unpublished and Uncollected Writings》
Brian Boyd、Robert Michael Pyle／編（Beacon）

除了二十世紀的文學巨擘，納布可夫還是一位非常優秀的鱗翅目昆蟲學家。對於文學和蝴蝶這兩項畢生的喜好，他投注在後者上的心力，絕不亞於前者。納布可夫曾任職於哈佛大學的比較動物學博物館，由他命名或以他為名的蝴蝶有數十種。蝴蝶妝點著納氏著作的封面，彷彿是他個人專用的紋章，等待有識者辨認。若想認識納布可夫這「另一半」的志業，《Nabokov's Butterflies》是必備的入門磚。本書廣泛蒐集納布可夫關於蝴蝶的未出版或未結集的文字，涵蓋時間自1908年至1977年，素材包括小說節錄、詩作、訪談、科學論文和專著摘要、書信、札記……。整體觀之，這是一本蒐羅詳盡的選集；而即使是隨手翻閱，喜愛其人其文的讀者，也必可不時發現令人驚喜的片段。（趙學信）

《上了建築旅行的癮》 陳世良／著（木馬）

「那些圖片是真的嗎？」

為了回答這個問題，之前只是翻看國外雜誌、充滿驚嘆與好奇的作者，有了一趟又一趟的印證之旅，從而迷上了建築旅行。建築是生活的容器，身歷其境的空間的體驗，是對建築人最強烈的召喚。本書即是作者建築朝聖之旅的紀錄，依時間軸，分為「行進未來式」、「過去曾經式」與「天地永恆式」三部分。從英國康沃爾郡的「伊甸園計畫」、德國德勒斯堡的UFA戲院、荷蘭鹿特丹的集合住宅，到柬埔寨的吳哥窟、中國的居庸關，不只是印證，裡頭還有著對新建築的期許，對經過時間錘鍊的歷史建物的致敬。（藍嘉俊）

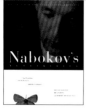

《迷路的地圖》（The Island of Lost Maps：A True Story of Cartographic Crime）
麥爾斯・哈維（Miles Harvey）／著　周靈芝／譯（時報）

相信許多人對於古地圖盡頭那片空白之處往往抱持有許多美麗的想像，那是世界的盡頭或者未開發的處女地。本小說以一名地圖賊被捉的情節開始說起，進而帶出地圖對於人類文明的象徵意涵與對圖書館管理的影響。作者巧妙的將古地圖的紋理架構融入到小說中，以敘事體的方式，清楚而趣味的帶出許多古籍中的奇異記載，或者藉由地圖的製作而反推地圖本身的言外之意。的確，在古代，地圖是集眾人知識大成之結晶，是認識、探索未知世界的索引，同時亦是集結了古代人的想像與神話集結之處。也因此，換一個角度，作者藉著具有收藏癖的地圖賊所遭遇的故事，帶領讀者認識作者對於古地圖所作的細微觀察與心得，而隨著主角，我們如同進入一場地圖內的奇幻世界。（Ricardo）

《數字愛人》（The Man Who Loved Only Numbers）
保羅・霍夫曼（Paul Hoffman）／著 米緒軍、章曉燕、繆衛東／譯（臺灣商務）

保羅・艾狄胥，當代罕見的數學奇才與苦行僧。他行為古怪，用語特殊，每天只睡三小時，剩餘的時間都在思考、研究數學問題。他聰穎無比，卻對日常生活十分笨拙。為了數學，他幾乎奉獻了自己的熱情與生命，他終生沒有結婚，無妻無子，卻非常喜歡 ε——他對小孩的稱呼（數學中希臘字母 ε 代表微量之意）。本書以數學史上種種趣事，描繪出這位偉大奇才不凡且特殊的一生，以及他與當代許多其他領域的天才如愛因斯坦等人有趣的交會。

對艾狄胥來說，某人「死了」意味著他停止了數學研究，而死亡僅僅只是「離去」。（Clain）

《Fever Pitch》Nick Hornby／著（Penguin）
各種運動都有球迷，但足球迷卻是一種奇特的現象。英國的足球迷常說：「如果你割開我，會發現我流著的血液是某某隊。」似乎若非如此，就無法表達他們滲到骨子裡的忠誠。對這類足球迷而言，支持自己的球隊不只是休閒娛樂，而是最重要的人際、社會關係，乃至於人生的終極目的。要了解這一切是怎麼回事，英國作家也是兵工廠隊球迷Nick Hornby 所寫的《Fever Pitch》是最好的指南。作者回憶了1968至1992年間不可救藥的球迷生涯。全書的章節是以一場場球賽來區分，每場比賽引出一個主題，分數和賽況其次，主要談的還是球迷的生活、行為、心境以及所活在的兩個世界——現實世界和足球世界。作者坦率但深刻的思維，替種種荒謬的球迷行徑賦予人性的面貌。不論是球迷或非球迷，都可從本書得到極大的閱讀樂趣。（趙學信）

《超感人博物館：日本主題收藏所23選》曹文瑞／著（宏碩）
先不要被「博物館」的名字嚇著了。有別於組織龐大、由國家所支撐的「研究型博物館」，本書要介紹的「生活型博物館」，就顯得平易近人多了。因為貼近生活，所以無拘無束，凡舉文學（小王子）、漫畫（手塚治虫）、玩具（泰迪熊），或是食物（餃子）、飲料（咖啡）、汽車，無一不能入列。這些主題博物館，從展出內容到空間設計，看來五花八門，卻擁有一個共通點，那就是經營者所展露的熱情。對迷戀某一個領域的人來說，最極致的作為，大約就是為它蓋一座博物館吧！相對地，那也是同好者的集體救贖。想想看，當一個宮崎駿迷看到《天空之城》的實體比例機器人時，是何等興奮啊！（藍嘉俊）

《自戀女人》張小虹／著（聯合文學）
不過是幾個世紀前，女人只能活在男性的影子下與眼光中，只要稍稍邁開一步，就會被大加撻伐，以種種厚重的道德磚砸得體無完膚。今日女性所擁有的權力，是經過一段不算長的歷史革命而來，直到現在，革命仍然尚未成功。

這本書所記載的每一位臉孔鮮明的女性，都可說是這現在進行式的歷史的見證人，也可稱得上是加速女權拓展的功臣先驅。從面貌模糊的群體，到一個讓男性投以驚世駭俗的眼光、讓女性豔羨其動人的身體表現的獨特女人，作者以華麗炫目的書寫方式，為她們一一立下精彩的紀錄。（陳彥仲）

《古典相機收藏圖鑑》黃俊榮／著（貓頭鷹）
許多人都喜歡攝影、玩相機，然而若要談到古典相機收藏，就非「相機博物館」創辦人黃俊榮莫屬。本書以1839年法國達凱爾發明銀板照相機開始談起，一路從各種構造型式、各種底片的相機，一直到狄普羅尼相機、柯達廠的誕生、徠卡相機的誕生，甚至鮮少被提及的五稜鏡單眼反光原型相機、短小輕薄的間諜機、哈蘇相機或者拍立得等各大相機品牌的故事逸聞。本書除了豐富而生動的相機圖片佐以讀者眼福外，作者還謹慎的從古典相機的定義、發展大事記一路談起，讓一般讀者可以按圖索驥找到自己想要知道的相機規格介紹，其中業餘用電影攝影機、8MM攝影機、16MM攝影機亦被收錄在裡頭。對於喜愛收藏相機的朋友而言，是一本不可多得的參考指南。（Ricardo）

《文人的飲食生活》嵐山光三郎／著 孫玉珍、林佳蓉／譯（宜高）
這本書絕對不是文人傳授煮食祕訣的食譜大全，也非藉文人之口評薦美食的參考書，而是描寫文人對於飲食所抱持的態度，以及列為生活瑣事的飲食一項，如何對文人偉大的文學心靈造成影響，甚至成為窺看文人真實性格的一樁線索。

這本書所談論的對象是日本近現代的文學家，其中不乏知名度橫跨國界的夏目漱石、宮澤賢治等人，細讀他們的飲食生活，彷彿能理解何以他們具有不同於眾人的創作力量。對一般人而言，飲食不過是用來填飽肚子，再進階也不過是對美食的嚮往與評鑑，回頭看看這群文人，與飲食之間的關係錯綜複雜了些，有人抱定某種堅持而成癖，有人疏離冷漠以對，有人以其當作撐掉內心世界的力量。讀宗此書，頗有「飲食不只是生活」之感。（陳彥仲）

《痴人列傳》夏瑞紅等／編著（時報）

本書是《時報周刊》「痴人列傳」專欄的集結。在這裡，你可以看到畫家吳炫三、攝影家阮義忠、打擊音樂家朱宗慶等名人，你也可以看到老師、消防隊員、工廠領班等平常人，無論性別、年齡與身分，他們皆是收藏王國裡的一員。從想像得到的奇石、善本古書、火柴盒，到想不到的薪水袋、冥紙、氧氣鋼瓶，這裡的收藏品包羅萬象，而且，每一個痴人後面都有一個有趣或動人的收藏理由。

由於記錄的時間至今已有段距離，故從照片中痴人的穿著、陳列品擺設的環境背景，可以發現不少時代變遷的痕跡，倒是痴人與收藏品合照時所洋溢的幸福感，是穿越時空的。（藍嘉俊）

《COSPLAY‧同人誌之祕密花園》傻呼嚕同盟／著（大塊）

「為什麼迷漫畫會迷到去扮演漫畫裡頭的人物？有必要這麼瘋狂嗎？」這些恐怕是許多家長對Cosplay的疑惑。不過，對Cosplay迷來說，這只是他們的正常表現而已。在這前提下，本書是極佳的入門書。除了有Cosplay的玩家現身說法，從何時接觸Cosplay，到如何扮演，扮演過程帶來的樂趣、成就感及自信，甚至結交許多同好等等，全部收錄其中。

本書也深刻的討論了Cosplay背後的文化意涵，詳細地介紹日本、美國的Cosplay活動，Cosplay與同人誌的不同意義及其演變，Cosplay周邊經濟的興起，Cosplay圈面臨的問題與反思，並細膩地附上相關法律問題及專有名詞解釋。（詮斐）

《蘭花賊》（The Orchid Thief）蘇珊‧歐琳（Susan Orlean）／著 宋瑛堂／譯（時報）

因為一樁奇特的盜採蘭花的案件，作者蘇珊‧歐琳為《紐約客》雜誌撰寫相關報導而至佛羅里達採訪了當事人約翰‧拉若許。蘭花既美麗又奇詭，它很難透過人工繁殖，卻不但沒有在演化過程中消滅，反而成為世界上最大的開花植物家族。蘭花原生種大約有六萬種，雜交種亦有六萬種之多，在如此龐大的家族中，除了對於蘭花之美的魅惑外，養蘭人如果養出一種出類拔萃的品種，不但揚名立萬，並且可以成為百萬富翁。蘇珊‧歐琳在深入接觸了這群對於蘭花的狂熱份子後，將原本對此案件的報導延伸為這一世紀以來英美愛蘭人對於蘭花的愛好，乃至於強取豪奪的瘋狂行徑，完成了這本具蘭花之美與沼澤泥淖氣息的報導文學。（繆沛倫）

《酷兒狂歡節：台灣當代QUEER文學讀本》紀大偉／主編（元尊）

QUEER一詞在國外行之有年，以前是被用來當作對同性戀的貶抑詞，後來被策略性扭轉成同性戀者對自我行動的稱呼。用意即是：罵我怪，我就怪到底，這種怪異就是自我的定位。QUEER要彰顯每個人都是別人的異類／他者（the other），每個人的怪異都是別人無法認同的，所以也就沒有所謂正常與不正常的區別，依此來消弭弱勢被打壓的狀況。QUEER運動是在國外的婦女解放和同性戀平權運動之後再重新發展出來的策略，但這有前後關係的各種思潮及運動綱領卻幾乎同時出現在台灣。「酷兒」即是QUEER的台灣混血衍生版，比原版有了不一樣的酷異率性感，而且具本地風味。本書出版在台灣酷兒論述的時間前端，選取十二家不同方向的文學創作，展現這個被稱為當代最有活力的文學脈絡。（林盈志）

在暗處一點的癖

《索多瑪120天》（Les cent vingt journées de Sodome）薩德侯爵（Marquis De Sade）／著 王之光／譯（商周）

《索多瑪120天》是薩德在1785年時，被關在監獄時的作品，他只用了三十三天就完成書籍的四分之一，但已寫下文學史上極重要的一頁。《索多瑪120天》的結構細密、宏大，人物眾多，情節繁複，很難想像這樣的作品能在監獄裡撰寫。但看薩德的生平，他一生有二十八年的歲月因行為不檢或者作品傷風敗俗而在監獄裡度過，雖然出身貴族，卻也躲不了牢獄之災。

衝破禮教、追求自由與快樂的浪蕩行為顯然是薩德一生的寫照，他的一生也幾乎可以與他的筆下劃成等號，所以無論是其人或其書，在當時都被視為毒蛇猛獸，性虐待一詞還出自薩德的名字。現在，世人有了不同的解讀。薩德的作品，讓我們有機會一睹人類的性潛意識，那極其幽微的部分。（詮斐）

《跪下來舔我的腳》山田詠美／著 施雯黛／譯（方智）

作者山田詠美有著與一般人相較之下顯得狂放不羈的生活經驗，不但比小她九歲的黑人結婚，也曾經在SM俱樂部上班。本書是她半自傳性質的作品。透過阿忍和Chika，兩個在SM俱樂部上班的女子，竄入總是神祕又帶點淫猥的虐待狂與被虐狂的世界。

SM，特殊的性癖好。因為在一般社會中見不得光，人們談論至此，必多加點鄙夷卻又掩不住想一窺究竟的好奇。在他們坦白與率性的態度下，一切被所謂「正常」掩蓋住的形形色色人生，毫不隱藏的顯露出來，那裡有人性基本的慾望與脆弱，沒有人會努力去掩飾，相反的，釋放了壓抑，儘管有些小善小惡，卻也都只是一種生活的意志。（莊琬華）

《蝴蝶春夢》（*The Collector*）符傲思（John Fowles）／著　林靜華／譯（皇冠）

迷戀一個人的極致就是把他當作標本般的關著？

男主角佛瑞德是個拘謹孤僻的人，唯一的興趣是蒐集昆蟲標本，但他卻瘋狂愛上一個才貌雙全的藝術學院學生——米蘭達。他用乙醚，如同對待一隻蝴蝶般地迷昏她，將之囚禁在地下室裡。佛瑞德希望藉由這種與世隔絕的相處方式，讓米蘭達能「專心地」認識、了解他。但這兩個孤魯的靈魂並沒有真正接納對方的不同。橫在中間的階級、文化與個性的差異，仍舊牢不可破。而另一方面，米蘭達曾傾倒於一個名為 G.P.的人，雖然他在年齡上足以作她的父親，但由於思想高度的不同，米蘭達竟也成為這人眼中的老古板。兩個「老古板」都在進行一場徒勞的迷戀，而那樣的迷戀帶來的只有禁錮。（藍嘉俊）

《北回歸線》（*Tropic of Cancer*）亨利・米勒（Henry Miller）／著　李三沖／譯（時報）

褚威格說，如果人年輕的時候有一年住在巴黎，這對其一生將是非常幸福的回憶。關於作家在巴黎的生活，我們過去熟悉的是海明威，但是亨利・米勒在《北回歸線》裡呈現另一種波希米亞人的圖像。他貧窮、他寫作、他認識各式各樣稀奇古怪的朋友，他常常感到飢腸轆轆；當然，他也時常意識到性的勃動。

背負了這麼多年的情色標籤，這本書其實說的不過是一個人所感受的生活，只是比一般人都更為誠實。當然，這本書也包括了作者的粗魯與偏見，比如對女性尤其是女同性戀者，不過既然是誠實的坦露生活，作者也沒有壓抑其感覺的必要。（徐淑卿）

《*Junky*》William S. Burroughs／著（Penguin）

這是貝羅斯自傳式的小說，也是他的首部著作。Junk是垃圾，也解作毒品。作者說，毒品不是一種快感，而是一種生活模式。小說主角Mr. Lee的故事引証了這句話，我們看到他醒著的時候，滿腦子都是在計畫著如何把毒品弄到手（他所謂的「Day's junk program」）；睡著時毒品成了夢魘，紐約變成一片頹垣敗瓦，巨大的千足蟲和蠍子不斷從他日常進出的酒吧，毒品交易點42街爬走。Mr. Lee被醫生問到為何要吸毒，主角回答說：「早上我需要它才能起床，才能刮鬍子、吃早餐。我需要毒品來維持生命。」缺乏毒品的毒癮者，就像一台沒汽油沒法發動的汽車。癮癖，是對事物的一種熱情和極度專注的追求，能使癮者醉生夢死，斷癮時對身心的煎熬——毒癮，也許是能把人完全吞噬的癮。（冼懿穎）

《私日記・過去》荒木經惟／著（平凡社）

蘇珊・桑塔格在《論攝影》（*On Photography*）一書中談到，攝影家是勘測、潛躍、巡弋都市地獄的孤寂行者，也是「經過配備的」把城市當成一座極端情慾的「窺淫癖」漫遊者，荒木經惟的確是一個這樣的「攝狂人」。這本書是荒木寫真全集（全20卷）的第八卷，是他自1980～1995年間拍攝的黑白照片作品。「城市」與「身體」的關係向來是荒木所關心的，女性、風景、生與死的主題則一直貫穿在他的影像創作中。他用連續閃光的方式捕捉情愛或是隱喻情愛，運用的是一種強調「私」的攝影觀。三十多年來荒木發表了大量的攝影作品，出版了二百冊以上的的專題攝影集，由此可見，荒木自從走上攝影人生的道路，除了休息時間之外，幾乎是無法停下快門的。（Tutu）

《偷看他人做愛者的漫遊》（*La passeggiata del guardone*）
阿爾貝托・莫拉維亞（Alberto Moravia）／著　黃文捷／譯（麥田）

這樣的書名，不免引人遐思，誤以為是一本活色生香的限制級小說，抱著準備臉紅心跳的心思一頁頁讀下去，才發現不全然是那麼一回事。

這本書所收錄的短篇小說故事，主題的確都和「性」相關，內容情節描寫著性倒錯、人獸戀、性偷窺、性幻想等種種非主流的性面貌，在在考驗著抱持傳統性觀念的讀者。作者試圖透過性來觀察更真實的人性，也讓讀者挑戰自己的性思維，例如：「那是女性的陰唇，還是被利刃劃開的傷痕？」你認為呢？（陳彥仲）

《*Foucault and Queer Theory*》Tamsin Spargo／著（Totem Books）

曾幾何時我們把同性戀濃縮成一種「非癖之癖」，爾後，表面上被封上「怪異」之名實質升格為「酷兒」的一種性取向。所謂Queer Theory，並不是指一套很嚴謹、系統性的學術理論，而是泛指所有跟同性戀、雙性戀、性倒錯等性向議題有關的各種領域，包括文學、電影、音樂等，試圖分析政治、社會權力與性和性別之間的對話。作者談的就是法國酷兒學者傅科和酷兒文化。傅科認為性向是由社會／文化建構出來的，同時，性向不只是簡單的二元分法，而是流動在性向量尺上。傅科說，現代社會的性向就是一種「性鑲嵌畫」（sexual mosaic）式的現象，反映了現代自我的特質是斷裂性的、非同質性的，就是所謂的後現代、後結構性。強調表現自我個性的後現代年代，也是癖人的幸福年代。（冼懿穎）　■

Net and Books 網路與書的書目

0 試刊號

>特集
閱讀法國
從4200筆法文中譯的書單裡，篩選出最終50種閱讀法國不能不讀的書。從《羅蘭之歌》到《追憶似水年華》，每種書都有介紹和版本推薦。

定價：新台幣150元

存量有限。請儘速珍藏這本性質特殊的試刊號。

1 《閱讀的風貌》

試刊號之後六個月，才改變型態推出的主題書。第一本《閱讀的風貌》以人類六千年閱讀的歷史與發展為主題。包括書籍與網路閱讀的發展，都在這個主題之下，結合文字與大量的圖片，有精彩的展現。本書中並包含《台灣都會區閱讀習慣調查》。

定價：新台幣280元

2 《詩戀Pi》

在一個只知外沿擴展的世界中，在一個少了韻律與節奏的世界中，我們只能讀詩，最有力的文章也只是用繩索固定在地面的熱氣球。而詩則不然。
（人類五千年來的詩的歷史，也整理在這本書中。）

定價：新台幣280元

3 《財富地圖》

如果我們沒法體認財富、富裕，以及富翁三者的差異，必定對「致富」一事產生觀念上的偏差和行為上的錯亂。本期包含：財富的觀念與方法探討、財富的歷史社會意義、古今富翁群像、50本大亨級的致富書單，以及《台灣地區財富觀調查報告》。

定價：新台幣280元

4 《做愛情》

愛情經常淪為情人節的商品，性則只能做，不能說，長期鎖入私密語言的衣櫃。本期將做愛與愛情結合，大聲張揚。從文學、歷史、哲學、社會現象、大眾文化的角度解讀「做愛情」，把愛情的概念複雜化。用攝影呈現現代關係的多面，把玩愛情的細部趣味。除了高潮迭起的視聽閱讀推薦，並增加小說創作單元。

定價：新台幣280元

5 《詞典的兩個世界》

本書談詞典的四件事情：
1.詞典與人類歷史、文化的發展，密不可分的關係。2.詞典的內部世界，以及編輯詞典的人物與掌故。3.怎樣挑選、使用適合自己的詞典——這個部分只限於中文及英文的語文學習詞典，不包括其他種類的詞典。4.詞典的未來：談詞典的最新發展趨勢。

定價：新台幣280元

6 《移動在瘟疫蔓延時》

過去，移動有各種不同的面貌與定義。冷戰結束後，人類的移動第一次真正達成全球化，移動的各種面貌與定義也日益混合。2003年，戰爭的烽火再起，SARS的病毒形同瘟疫，於是，新的壁壘出現，我們必須重新思考移動的形式與內容。32頁別冊：移動與傳染病與SARS。

定價：新台幣280元

7 《健康的時尚》

這個專題探討的重點：什麼是疾病；怎樣知道如何照顧自己，並且知道不同的醫療系統的作用與限制；什麼是健康，以及如何選擇自己的生活風格來提升自己的生命力。如同以往，本書也對醫療與健康的歷史做了總的回顧。

定價：新台幣280元

8 《一個人》

單身的人有著情感、經濟與活動上的自由，但又必須面對無人分享、分憂或孤寂的問題。不只是婚姻定義上的單身，「一個人」的狀態其實每個人都會遇到，它以各種形式出現，是極為重要的生命情境或態度。在單身與個人化社會的趨勢裡，本書探討了一個人的各種狀態、歷史、本質、價值與方法。

定價：新台幣280元

國家圖書館出版品預行編目資料

癖理由＝Obsession／網路與書編.—— 初版.
-- 臺北市：網路與書，2005〔民94〕
面；公分.--（Net and Books網路與書
雜誌書；17）
ISBN 986-80786-4-4（平裝）
1. 習慣心理學　1. 個性心理學
176.74　　　　　　　　　　　94008775

9《閱讀的狩獵》

閱讀就是一種狩獵的經驗。每個人都可以成狩獵者，而狩獵的對象也許是一本書、一個人物、一個概念。這次主要分析閱讀的狩獵在今天出現了哪些歷史性的變化、獵人各種不同的形態，細味他們的狩獵經驗、探討如何利用各種工具有系統地狩獵，以及回顧過去曾出現過的禁獵者及相關的歷史。這本書獻給所有知識的狩獵者。

定價：新台幣280元

10《書的迷戀》

從迷戀到癡狂，我們對書的情緒有著各種不同的層次。本書要討論的是，為什麼人對書的實體那樣執著？比起獲取書裡的知識，他們更看重擁有書籍的本身。中西古書在形態和市場價值上差別如此大，我們不能不沉思其背後的許多因素。本書探討：書籍型態的發展、書癡的狂音與精神面貌、分享他們搜書、藏書和護書經驗，及如何展現自己的收藏。

定價：新台幣280元

11《去玩吧！》

玩，就是一種跳脫制式常軌的狀態或心情。玩是一種越界。雖然玩是人的天性，卻需要能量，需要學習。本書分析了玩的歷史與文化，同時探討玩的各種層次：一生的玩，結合瘋狂與異想；一年的玩，結合旅行與度假；一週的玩，作為生活節奏的調節與抒解；每天的玩，一些放鬆與休息。藉此，勾動讀者想玩的心情與行動。

定價：新台幣280元

12《我的人生很希臘》

古希臘以輝煌的人文和科學成就，開歐洲思想風氣之先，而今日希臘又以藍天碧海小白屋，吸引全世界人們流連忘返。其實，希臘不必遠求，生活週遭處處都隱含著希臘之光。到底希臘的魅力從何而生？希臘的影響又有多麼深遠？看了這本書你就會了然於心。

定價：新台幣280元

13《命運》

每個人存活在世界上，多少都曾經感受到命運的力量。有時我們覺得命運掌控了我們，有時我們又覺得輕易解脫了它的束縛，一切操之在我。到底命運是什麼？以及，什麼是命？什麼又是運？本書除了對命運與其相關詞彙提出解釋外，還縷述不同宗教、文化對於命運的觀點，以及自由意志展現的可能。此外，還有關於命運主題的小說、攝影、繪本等創作。

定價：新台幣280元

14《音樂事情》

從原始的歌到樂器的發明；從留聲機時代的爵士樂到錄音帶音樂；從隨身聽、ＭＴＶ到數位化的iPod，聽音樂的模式一直在改變。本書談的是音樂的力量，如何感動人，以及在社會文化層面上產生影響力。經歷民歌、情歌、台語搖滾時代，今後的創作者又將面臨什麼情況？

本書內含《音與樂》CD

定價：新台幣280元

15《我窩故我在》

家，是人誕生之處，也是心安頓之所。家有多重的意義：房屋，代表一種遮蔽；窩，代表一種自在；家庭，代表一種歸屬；家鄉，代表一種回憶。從前這四種組合是一體的，現今則可能分散各處。時代環境變化無常，能夠掌握的就是自己的窩了。本書以自己的窩為主軸，探討屋、窩、家人及家鄉的四種精神與作用。

定價：新台幣280元

16《記憶有一座宮殿》

在種種高科技記憶載體推陳出新、功能日益強大的時代，我們該如何重新看待腦中儲存的記憶？本書指出，大腦的「倉庫」功能，現在可由許多外掛載體勝任，而我們應把大腦視為一座儲存珍貴事物的「宮殿」，每個人都可獨力打造屬於自己的記憶之宮。書中也深入探討記得、遺忘與個人生命的深刻鏈結，並展示歷史與文化集體記憶的萬千風貌。

定價：新台幣280元

17《癖理由》

「人無癖不可與交」，癖其實就是每個人的獨特個性，也是嗜好的「極致」；癖到極至，就成為一種能力和能量。今天「個人」與「富裕」的社會，提供了適合癖的環境；網路發達，使得癖的同好容易交流，但這兩個條件的搭配，一不小心會使「癖」只是一種流行。分不清「癖」與「習性」或「嗜好」，很嚴重。我們需要區別癖的本尊，不能錯認分身與變身。

定價：新台幣280元

Net and Books 網路與書　訂購方法

預購「網路與書」系列

☐二年12本（自　　　年　　　月起）定價新台幣 2800元×＿＿＿＿＿＿套＝＿＿＿＿＿＿元

☐一年6本（自　　　年　　　月起）定價新台幣 1400元×＿＿＿＿＿＿套＝＿＿＿＿＿＿元

以上均以平寄。如需掛號，

☐預購12本，每套加收掛號費240元

☐預購6本，每套加收掛號費120元

感謝您訂購「網路與書」系列，如需購買單書，請參考本書書目後詳細填寫下列資料，

以傳真方式傳回，我們將儘速為您服務。

書名	數量	金額合計
◎購書不足500元，需負擔郵資40元。	總計：	元

訂　購　人：＿＿＿＿＿＿＿＿＿　生日：＿＿＿年＿＿月＿＿日　　性別：☐男　☐女

身分證字號：＿＿＿＿＿＿＿＿＿＿＿＿　E-mail：＿＿＿＿＿＿＿＿＿＿＿

聯絡電話：＿＿＿＿＿＿＿＿＿＿＿　傳真：＿＿＿＿＿＿＿＿＿＿

☐二聯式發票　☐三聯式發票抬頭：＿＿＿＿＿＿＿＿＿＿＿　統一編號：＿＿＿＿＿＿

郵寄地址：☐☐☐－☐☐＿＿＿＿＿＿＿＿＿＿＿＿＿＿

付款方式：☐劃撥　☐ATM轉帳繳款　☐信用卡	
劃撥	劃撥帳號：19542850，劃撥戶名：英屬蓋曼群島商 網路與書股份有限公司 台灣分公司
ATM轉帳	台北富邦銀行（代碼012）帳號：530-102-812920
信用卡	卡　別：　☐VISA　　　☐MASTER　　　☐聯合信用卡 信用卡號：＿＿＿＿＿-＿＿＿＿＿-＿＿＿＿＿-＿＿＿　有效日期：　年　　月 信用卡背面簽名欄上數字後三碼＿＿＿＿＿ 發卡銀行：＿＿＿＿＿＿＿　訂購金額：＿＿＿＿＿＿元整 持卡人簽名：＿＿＿＿＿＿＿＿　（與信用卡背面相同）

請填妥訂購單郵寄或傳真至 （02）2545-2951

如尚有任何疑問，歡迎電洽「網路與書」讀者服務部 ● 服務專線：0800-252-500　傳真專線：886-2-2545-2951

地址：台北市105南京東路四段25號10樓之一 ● E-mail：help@netandbooks.com